60일 대작전!!
영단어 1,800개 · 하루에 30개씩

수학능력
시험직결

파워
영단어

Essential English Vocabulary

고등학생이 꼭 알아야 할 1,800단어!

간단한 예문으로 머리 속에 쏙쏙!

60일 대작전!!
영단어 1,800개 · 하루에 30개씩

수학능력
시험직결

파워
영단어

Essential English Vocabulary

예스북

60일 대작전!!
영단어 1,800개·하루에 30개씩

수학능력
시험직결

파워
영단어

Essential English Vocabulary

초판 1쇄 인쇄 2005년 12월 19일
개정 3쇄 발행 2010년 11월 5일

지은이 | 황선문, 양병선
펴낸이 | 양봉숙
편 집 | 김신애
디자인 | 박미영
마케팅 | 이주철

펴낸곳 | 예스북
출판등록 | 2005년 3월 21일 제320-2005-25호
주소 | 서울시 마포구 노고산동 57-46 아이스페이스 1107호
전화 | (02) 337-3053
팩스 | (02) 337-3054
E-mail | yesbooks@naver.com
홈페이지 | www.e-yesbook.co.kr

ISBN 978-89-92197-28-1 53740

값 7,800원

영어학습에 있어서 어휘력은 매우 중요합니다. 그러나 영어 단어는 각 단어마다 여러 가지 뜻을 가지고 있어서 어떨 때 어떤 뜻으로 쓰이는지 헷갈리고 복잡합니다. 따라서 각 단계별로 그에 알맞은 단어의 뜻을 이해하고 암기하는 것이 무엇보다 중요합니다. 고등학생은 고등학교 교과서에서 다루어지는 기본적인 단어의 주요한 뜻을 먼저 완전히 습득한 후에 점차 확장시켜 나가는 것이 좋습니다. 그러한 취지에서 이 책은 7차 교육과정의 전교과서를 분석하여 고등학생이 꼭 알아야 할 1,800 단어를 엄선하였으며, 하루 30개씩 60일 동안 꾸준히 학습하여 단기간에 빠르게 어휘력을 향상시킬 수 있도록 구성하였습니다.

영어 단어는 단어의 뜻만 외우는 것보다 구문이나 문장으로 함께 외우는 것이 훨씬 효과적입니다. 단어의 뜻을 문장으로 이해하되, 길고 복잡한 예문이 아니라 간단하고 쉬운 예문을 제시하여 해당 단어가 문장에서 어떻게 쓰이는지 빠르게 이해할 수 있도록 하였습니다.

무엇보다 수능시험에서 자주 다루어지는 중요단어들을 전면에 배치하고, 관련 어휘들을 연관시켜 암기할 수 있도록 나열하였으며, 발음이나 스펠링 때문에 헷갈리기 쉬운 단어들과 놓치기 쉬운 다의어들은 별도로 묶어 정리했습니다.

매일매일 꾸준한 학습으로 어휘력을 업그레이드 시키세요. 지금부터 시작입니다.

⊛ 발음기호

[모음]

	a	e	i	o	u	ə	ʌ	ɔ	ɛ	æ
소리	아	에	이	오	우	어	어	오	에	애
기호	ㅏ	ㅔ	ㅣ	ㅗ	ㅜ	ㅓ	ㅓ	ㅗ	ㅔ	ㅐ

[자음]

●● 유성음

	b	d	j	l	m	n	r	v	z	dʒ	ʒ	tz	ð	h	g	ŋ
소리	브	드	이	러	므	느	르	브	즈	쥐	지	쯔	뜨	흐	그	응
기호	ㅂ	ㄷ	ㅣ	ㄹ	ㅁ	ㄴ	ㄹ	ㅂ	ㅈ	주	ㅈ	ㅉ	ㄸ	ㅎ	ㄱ	ㅇ

●● 무성음

	f	k	p	s	t	ʃ	tʃ	θ	t	ŋ
소리	프	크	퍼	스	트	쉬	취	쓰	츠	응
기호	ㅍ	ㅋ	ㅍ	ㅅ	ㅌ	수	추	ㅆ	ㅊ	ㅇ

contents

수능 파워영단어의 활용법

어휘력은 반복학습이 중요합니다.
처음부터 모든 단어와 예문을 암기하려고 하지 말고, 단어의 뜻과 쓰임새를 이해하면서 아는 단어부터 확실하게 다진 후 모르는 단어들을 체크하면서 반복학습 하는 것이 좋습니다.

하루에 30단어씩 매일 꾸준히 암기하되, 제시된 예문을 통해 각 단어가 문장 속에서 어떻게 쓰이는지 확인하세요.
일일테스트와 재미있는 가로세로 퍼즐로 학습내용을 점검할 수 있습니다.

원어민의 정확한 발음으로 제공되는 음성파일을 활용하여 학습 효과를 높이세요.
http://www.e-yesbook.co.kr로 접속하시면 mp3파일을 무료로 다운 받으실 수 있습니다.

반의어(↔), 동의어(=), 파생어(••)를 통해 풍부한 어휘력을 갖추세요.
서로 대립되는 표현과 비슷한 표현을 알아두면 관련어휘의 확장학습이 가능합니다.

시험에 꼭 나오는

① 절대중요단어

수능
Power
영단어

1st day*

advertisement [ædvərtáizmənt] 명 광고, 선전

- put an advertisement in the paper　신문에 광고를 내다
- put in a large advertisement　대대적으로 선전하다
- •• advertise 동 광고하다

propaganda [pràpəgǽndə] 명 선전

- propaganda films　선전 영화
- make propaganda in the street　가두선전을 하다
- •• propagate 동 선전하다

decorate [dékərèit] 동 장식하다

- I decorated my hat with a rose.　나는 모자에 장미꽃으로 장식을 했다.
- •• decoration 명 장식

external [ikstə́ːrnəl] 형 외부의(↔ internal 내부의)

- external evidence　외적 증거
- external trade　대외 무역
- •• exterior 형 외부의, 바깥의

structure [strʌ́ktʃər] 명 구조, 조직, 건축(물)(= building)

- financial structure　재무구조
- the structure of a government　정치기구
- The human body is a wonderful structure.
  인체는 훌륭한 조직체로 되어 있다.
- •• structural 형 구조상의

factor [fǽktər] 명 요소, 요인

- a basic factor　기초적 요소
- Health is a factor of happiness.　건강은 행복의 한 요인이다.

element [éləmənt] 명 요소, 성분(= factor) 원소,(화학)성분

□ Cells are elements of living bodies. 세포는 생체의 기본요소이다.
●● elements 명 기초, 원리

analysis [ənǽləsis] 명 분석, 분해

□ His analysis of the problem showed great perception.
  그 문제에 대한 그의 분석은 대단한 통찰력을 보여주었다.
●● analytical 형 분석적인
●● analyze 동 분석하다

purpose [pə́:rpəs] 명 목적(= aim)

□ What's the purpose of your visit? 방문 목적이 무엇입니까?

aim [əim] 명 목표, 목적(= purpose), 표적(= mark) 동 겨누다

□ My aim in life is to become a teacher.
  내 인생의 목표는 선생님이 되는 것이다.

ambition [æmbíʃn] 명 야망, 야심

□ Her ambition knows no limits. 그녀의 야망은 끝이 없다
●● ambitious 형 야망에 찬, 열망하는

zeal [zi:l] 명 열의, 열심 (= eagerness)

■ work with great zeal 대단한 열의로 일하다
●● zealous 형 열심인

passion [pǽʃn] 명 정열, 열심(= zeal)

■ a man of passion 열정적인 사람
■ have a passion for~ ~을 매우 좋아하다
●● passionate 형 열렬한, 정렬적인

yearn [jə:rn] 동 동경하다, 갈망하다

■ yearn for home 고향을 그리워하다.
●● yearning 명 갈망

preference [préfərəns] 명 더 좋아함, 선택

□ Do you have a preference? 원하는 게 있으세요?
•• prefer 동 더 좋아하다
•• preferable 형 더 마음에 드는

cherish [tʃériʃ] 동 소중히 하다, 마음에 품다

□ She cherishes the memories of her childhood.
그녀는 어린 시절의 추억을 소중히 간직하고 있다.

envy [énvi] 명 부러움 동 부러워하다

□ He envied her talent. 그는 그녀의 재능을 부러워했다.
•• envious 형 부러워하는

jealousy [dʒéləsi] 명 질투, 시기

■ a quarrel originating in jealousy 질투에서 나온 싸움
•• jealous 형 질투하는

stimulus [stímjələs] 명 자극(제)

□ Light is a stimulus to growth in plants. 빛은 식물의 성장에 자극제가 된다.
•• stimulation 명 자극, 고무

opportunity [àpərtjúːnəti] 명 기회

□ Take this opportunity to learn it. 이번 기회에 알아두세요.

urge [əːrdʒ] 동 촉구하다, 권하다 명 충동

□ Our teacher urges us to study hard.
우리 선생님은 열심히 공부하라고 우리를 재촉하신다.

enthusiasm [enθúːziæzəm] 명 열심, 열광

□ The audience showed great enthusiasm. 청중들은 대단히 열광적이었다.
•• enthusiastic 형 열심인, 열광적인

vigor [vígər] 명 활력, 원기

Her voice lost its old vigor. 그녀의 목소리에는 이전의 활기가 없었다.
•• vigorous 형 활기찬

brisk [brisk] 형 활발한(= active)

■ a brisk market 활발한 시황

impulse [ímpʌls] 명 충동

I bought it on impulse. 나는 충동 구매했다.
•• impulsive 형 충동적인

consume [kənsúːm] 동 소비하다(↔ produce 생산하다)

The car consumes a lot of fuel. 그 차는 연료를 많이 먹는다.
•• consumption 명 소비, 소모

indulge [indʌ́ldʒ] 동 빠지다, 탐닉하다, 마음대로 하게 하다

Once in a while, I indulge in fantasy. 가끔 나는 공상에 빠진다.
My mother indulges the children dreadfully.
어머니는 아이를 응석받이로 키운다.

concentrate [kánsəntrèit] 동 집중하다

■ concentrate students at one place 학생들을 한곳에 집결시키다
•• concentration 명 집중

devote [divóut] 동 전념하다

■ devote oneself to one's study 공부에 전념하다
•• devotion 명 전념, 헌신

esteem [istíːm] 동 존중하다(= respect) 명 존중

I esteem your advice highly. 나는 당신의 충고를 매우 존중한다.
•• estimable 형 존중할 만한

2nd day*

profound [prəfáund] 형 심오한, 깊이 있는 (↔ superficial 피상적인)

- profound knowledge 심오한 지식
- make a profound impression 깊은 감명을 주다
- •• profundity 명 심오

solemn [sáləm] 형 엄숙한, 근엄한

- Do you solemnly swear to tell the truth?
  진실을 말할 것을 엄숙히 맹세합니까?
- a solemn face 근엄한 얼굴
- •• solemnity 명 엄숙

earnest [ə́ːrnist] 형 진지한, 열심인 (↔ idle 게으른) 명 진심, 진지함

- an earnest effort 진지한 노력
- an earnest educationist 열성적인 교육가
- comply with earnest reguest 간청을 들어주다

sincerity [sinsérəti] 명 성실

- the value of sincerity 성실성의 가치
- a man of absolute sincerity 더없이 성실한 사람
- •• sincere 형 성실한(↔ insincere 불성실한)

responsibility [rispɑ̀nsəbíləti] 명 책임

- I take full responsibility. 모두 제 책임입니다.
- •• responsible 형 책임 있는

confidence [kɑ́nfidəns] 명 신뢰, 자신

- lose public confidence 신용이 떨어지다
- He is full of confidence. 그는 자신감에 차 있다.
- •• confident 형 자신하는
- •• confide 동 신용하다, 털어놓다

caution [kɔ́ːʃən] 몡 조심, 경계

□ This matter demands great caution. 이 일은 세심한 주의를 요한다.
●● cautious 혱 조심하는

deliberate [dilíbərit] 혱 신중한, 고의적인, 계획적인

■ a deliberate choice 신중한 선택
■ crimes done deliberately 고의로 저지른 범죄

pure [pjuər] 혱 순수한, 깨끗한

□ This is a pure cotton shirt. 이것은 순면 셔츠이다.
■ pure water 깨끗한 물
●● purity 몡 순수, 순결
●● purify 동 깨끗하게 하다

transparent [trænspɛ́ərənt] 혱 투명한(↔ opaque 불투명한)

□ Most glass is transparent. 유리는 대부분 투명하다.

concise [kənsáis] 혱 간결한, 간명한

■ a concise and clear answer 간결하고 명료한 대답
●● conciseness 몡 간결

complex [kəmpléks] 혱 복잡한(= complicated, ↔ simple 단순한)

■ a complex problem 복잡한 문제
●● complexity 몡 복잡성

intricate [íntrəkit] 혱 얽힌, 복잡한 (= complicated)

□ The plot of this story is very intricate. 이 소설의 줄거리는 복잡하다

rational [rǽʃənəl] 혱 이성적인(↔ emotional), 합리적인(↔ irrational)

■ a rational decision 이성적인 결정
●● rationalize 동 합리화하다

intellect [íntəlèkt] 명 지성, 지력

- the intellects of the age 당대의 지성인들
- •• intellectual 형 지식의, 지적인

strategy [strǽtədʒi] 명 전략

- map out a strategy 전략을 세우다
- •• strategic 형 전략상의

eloquence [éləkwəns] 명 웅변, 능변

- His eloquence moved the audience to tears. 그의 웅변이 청중을 울렸다.
- •• eloquent 형 웅변의, 능변인

communicate [kəmjúːnəkèit] 동 전달하다, 의사소통하다

- He communicated the news to me. 그가 내게 그 소식을 전했다.
- •• communication 명 전달, 통신

utter [ʌ́tər] 동 말하다, 발언하다 형 완전한, 전적인

- She uttered her own secret. 그녀는 자기 비밀을 말했다.
- This is utterly opposed to the fact. 이것은 사실과 완전히 배치된다.
- •• utterance 명 발언

describe [diskráib] 동 기술하다, 묘사하다

- Words can not describe the scene. 말로는 그 광경을 설명할 수 없다.
- •• description 명 기술, 묘사

relate [riléit] 동 진술하다, 말하다(= tell), 관련시키다

- relate one's adventure 모험담을 말하다
- relate the result to a cause 결과를 어떤 원인과 관련시키다

declare [diklέər] 동 선언하다, 공표하다

- declare a state of emergency 비상사태를 선포하다.
- •• declaration 명 선언, 공표

thorough [θə́ːrou] 형 완전한, 철저한

- a thorough reform 완전한 개혁
- □ He is a thorough vegetarian. 그는 철저한 채식주의자이다.

entire [entáiər] 형 전체의, 완전한, 전적인

- □ The entire bench is covered in snow. 벤치의 전체가 눈으로 덮여 있다.
- entire freedom 완전한 자유
- entire confidence 전폭적인 지지

absolute [ǽbsəlùːt] 형 절대적인, 완전한

- □ God is the absolute being. 신은 절대적 존재이다.
- □ You are an absolute fool. 너는 완전히 바보다.

integrity [intégrəti] 명 고결, 완전, 보전

- □ He was of great integrity. 그는 아주 고결한 사람이었다.

contrast [kántræst] 명 대조 동 [kəntrǽst] 대조하다

- □ This color contrasts well with green. 이 색깔은 녹색과 좋은 대조를 이룬다.
- the contrast between light and shade 명암의 대조

relative [rélətiv] 형 상대적인, 비교적인

- □ Beauty is relative. 아름다움은 상대적인 것이다.
- a relatively small difference 비교적 작은 차이
- •• relate 동 말하다, 관계짓다

conservative [kənsə́ːrvətiv] 형 보수적인

- □ His views are conservative. 그의 의견은 보수적이다.
- •• conservatism 명 보수주의

prejudice [prédʒədis] 명 편견

- a person of strong prejudices 편견이 강한 사람
- •• prejudiced 형 편파적인

3rd day*

liberal [líbərəl] 📗 관대한, 개방적인, 후한

- be liberal to the opponent 반대파에 대하여 너그럽다
- He is liberal with his money. 그는 돈에 관해서 대범하다.
- •• liberation 📗 해방
- •• liberate 📗 해방하다

tender [téndər] 📗 상냥한, 친절한, 어린, 미숙한(= immature)

- He gave her a tender smile. 그는 그녀에게 상냥한 미소를 보냈다.
- children of tender age 유년기의 아이들

polite [pəláit] 📗 공손한(↔ impolite, rude 불손한), 예의바른

- return a polite answer to question 질문에 공손히 대답하다
- He is far too polite. 그는 너무 지나치게 예의바르다.
- He greeted me politely. 그는 내게 정중히 인사했다.
- •• politely 📗 공손히

decent [díːsənt] 📗 고상한, 상당한

- That dress isn't decent. 그 옷은 점잖지 못하다.
- He comes of a decent family. 그는 명문가 출신이다.

courtesy [kɔ́ːrtəsi] 📗 예의(↔ discourtesy 무례), 예절

- There should be courtesy even among intimates.
  친한 사이에도 예의가 있어야 한다.
- •• courteous 📗 예의바른(↔ discourteous 무례한)

modesty [mádisti] 📗 겸손, 겸양

- Her modesty is all put on. 그녀의 겸손은 겉치레이다.
- the virtue of modesty 겸양의 미덕
- •• modest 📗 겸손한, 적당한, 알맞은

virtue [və́ːrtʃuː] 명 미덕, 고결, 장점

- Patience is a virtue. 인내는 미덕이다.
- lead a virtuous life 고결한 인생을 보내다
- ●● virtuous 형 고결한

merit [mérit] 명 장점

- Each man has his merits and faults. 사람은 제각기 장단점이 있다.

vice [vais] 명 악덕, 결점

- Virtue leads to happiness, and vice to misery.
  덕행은 행복에 이르는 길이요, 악덕은 불행에 이르는 길이다.
- ●● vicious 형 사악한

positive [pázətiv] 형 긍정적인, 적극적인

- She has a very positive attitude to life.
  그녀는 삶에 대해 아주 긍정적인 태도를 지니고 있다.

negative [négətiv] 형 부정적인, 소극적인

- His answer was negative. 그의 대답은 부정적이었다.
- do things on negative lines 소극적으로 일을 하다

advantage [ədvǽntidʒ] 명 이점(↔ disadvantage)

- In basketball, tall players have an advantage.
  농구에서는 키 큰 선수가 유리하다.
- ●● advantageous 형 유리한

handicap [hǽndikæp] 명 불이익, 장애

- under a handicap 불리한 조건하에서
- overcome a physical handicap 신체적 핸디캡을 극복하다

extinguish [ikstíŋgwiʃ] 동 끄다(= put out)

- extinguish a candle 촛불을 끄다

barrier [bǽriər] 명 장애물(= obstacle)

- a language barrier 언어 장벽
- a barrier to progress 진보를 가로 막는 것

mercy [mɔ́ːrsi] 명 자비

- make a plea for mercy 자비를 빌다
- •• merciful 형 자비로운(↔ merciless 무자비한)

charity [tʃǽrəti] 명 자애, 자비, 자선

□ He gives money freely to charities. 그는 자선을 위해서 아낌없이 돈을 낸다.
•• charitable 형 자비로운, 자선의

dignity [dígnəti] 명 존엄, 위엄, 품위

- the dignity of man 인간의 존엄성
- lose one's dignity 품위를 떨어뜨리다
- •• dignify 동 위엄을 갖추게 하다

adoration [ædəréiʃən] 명 숭배, 동경

- with something of adoration 거의 숭배하는 마음으로
- •• adore 동 숭배하다

sublime [səbláim] 형 숭고한, 장엄한, 탁월한(= excellent)

□ She has been honored for her sublime deeds.
그녀는 그녀의 숭고한 행동으로 존경받고 있다.

sacred [séikrid] 형 신성한

□ Marriage is sacred. 결혼은 신성한 것이다

piety [páiəti] 명 경건, 충성심

□ She was eminent for her piety. 그녀는 신앙심이 깊기로 유명했다.
•• pious 형 경건한(↔ impious 불경한)

sacrifice [sǽkrəfàis] 동 희생시키다 명 희생

- sacrifice oneself for one's country 나라를 위해 몸을 바치다
- sacrificial 형 희생적인, 헌신적인

patience [péiʃəns] 명 인내

- The work required infinite patience. 그 일은 무한한 인내가 필요했다.
- patient 형 참을성 있는

endure [endjúər] 동 견디다

- I can't endure it any more. 나는 더 이상 그것을 참을 수 없다.
- endurance 명 인내(력)
- enduring 형 영원의

forbear [fɔːrbéər] 동 참고 견디다, 삼가다

- I could scarcely forbear from laughing out loud.
  나는 크게 소리 내어 웃고 싶은 걸 간신히 참았다.
- forbearance 명 인내, 자제

fortitude [fɔ́ːrtətjùːd] 명 인내, 용기

- manlike fortitude 남자다운 불굴의 정신

courage [kə́ːridʒ] 명 용기

- I admired him for his courage. 나는 그의 용기에 경탄했다.
- courageous 형 용기 있는
- encourage 동 용기를 북돋우다(↔ discourage 실망시키다)

brave [breiv] 형 용감한

- He fought for justice bravely. 그는 정의를 위해 용감하게 싸웠다.
- bravery 명 용감(성), 용감한 행위

brilliant [bríljənt] 형 빛나는, 훌륭한

- a brilliant achievement 빛나는 업적
- render brilliant services 혁혁한 공명을 세우다

4th day*

reverence [révərəns] 명 존경 동 존경하다

He removed his hat as a sign of reverence.
그는 존경의 표시로 모자를 벗었다.

applause [əplɔ́ːz] 명 박수갈채, 칭찬

■ greet with loud applause 박수갈채로 환영하다
■ win general applause 모든 이들의 칭송을 받다
•• applaud 동 박수를 보내다

glory [glɔ́ːri] 명 영광, 영예

Glory be in the heaven, and peace on earth!
하늘에는 영광, 땅에는 평화!
She got all the glory. 그녀는 모든 영예를 얻었다.
•• glorious 형 영광스러운

comfort [kʌ́mfərt] 동 위안하다(= console), 달래다 명 위안, 안락

■ comfort each other 서로 위로하다
She is a great comfort to her parents. 그녀는 부모님에게 큰 위로가 된다.
He lived in comfort for the rest of his days. 그는 여생을 안락하게 보냈다.
•• comfortable 형 안락한

mourn [mɔːrn] 동 애도하다

She mourned over the death of her friend.
그녀는 친구의 죽음을 애도했다.
•• mournful 형 애도하는

funeral [fjúːnərəl] 명 장례식, 장의 행렬

■ attend a funeral 장례식에 참석하다
He stopped to watch the funeral procession.
그는 장례 행렬을 보기 위해 멈춰 섰다.
•• funerary 형 장례식의

heaven [hévən] 명 하늘, 천국

□ The stars shone in the heavens. 하늘에는 별이 빛나고 있었다.
•• heavenly 형 하늘의

hell [hel] 명 지옥(↔ heaven 하늘, 천국)

□ The war made our lives a hell. 전쟁은 우리 생활을 지옥으로 만들었다.

sympathy [símpəθi] 명 동정, 공감

□ She has my heart felt sympathy. 그녀에게 크게 동정이 간다.
•• sympathetic 형 동정하는, 공감하는

victory [víktəri] 명 승리

□ The team won a glorious victory. 그 팀은 영광스런 승리를 차지했다.
•• victorious 형 승리의
•• victor 명 승리자

triumph [tráiəmf] 명 승리

■ the triumph of justice 정의의 승리
•• triumphant 형 승리한, 의기양양한

victim [víktim] 명 희생, 피해자

□ The victims of the war were children.
그 전쟁의 희생자들은 어린이들이었다.
•• victimize 동 희생시키다

defect [difékt] 명 결함, 결점

■ radical defects of character 타고난 성격상의 결점
•• defective 형 결함 있는

shortcoming [ʃɔ́ːrtkʌ̀miŋ] 명 결점

□ I'm well aware of my shortcomings. 내 자신의 결점은 내가 잘 알고 있다.

lack [læk] 동 ~이 없다, 부족하다 명 부족, 결핍

□ He lacks confidence. 그는 자신감이 부족하다.

deficient [difíʃənt] 형 부족한, 불충분한(↔ sufficient), 결함 있는(= defective)

□ I'm deficient in mathematics. 나는 수학 실력이 모자란다.
●● deficiency 명 부족

shortage [ʃɔ́ːrtidʒ] 명 부족, 결핍

■ suffer from a shortage of hands 일손 부족으로 곤란을 겪다
●● short 형 부족한

adequate [ǽdikwit] 형 충분한(↔ inadequate 불충분한)

□ The water supply here is adequate. 이곳의 물 공급은 충분하다.
●● adequacy 명 적당, 충분

meager [míːgər] 형 빈약한, 불충분한(↔ ample)

■ a meager salary 얼마 안 되는 월급

regret [rigrét] 명 유감, 후회

■ express one's regret 유감의 뜻을 표하다.
□ He regretted his mistake. 그는 그의 실수를 후회했다.
●● regretful 형 후회가 되는

repent [ripént] 동 후회하다

□ She repented her careless talk. 그녀는 자신의 경솔한 말을 후회했다.
●● repentant 형 후회하는

shame [ʃeim] 명 부끄러움, 수치심, 치욕, 창피

□ He turned red with shame. 그는 창피해서 얼굴이 빨개졌다.
□ I felt a species of shame. 나는 일종의 수치심 같은 것을 느꼈다.
●● shameful 형 부끄러운

timid [tímid] 혭 겁 많은, 소심한

□ The timid child was afraid of the dark.
겁 많은 그 아이는 어둠을 두려워했다.
•• timidity 몡 소심

cowardice [káuərdis] 몡 겁, 비겁

□ They reproached him for cowardice. 그들은 그가 비겁하다고 비난했다.
•• cowardly 혭 겁 많은

pretend [priténd] 됭 가장하다, ~인 체하다(= make believe)

□ He pretends to know much. 그는 유식한 체한다.
•• pretense 몡 가식, 허위

disguise [disgáiz] 몡 변장, 가장 됭 변장하다, 위장하다

■ disguise oneself as a woman 여자로 변장하다

trick [trik] 몡 속임수, 비열한 짓, 요령

□ He played a mean trick on me. 그는 내게 비열한 술책을 썼다.

deceive [disí:v] 됭 속이다

□ She deceived me with sweet words. 그녀는 달콤한 말로 나를 속였다.
•• deception 몡 속임수, 사기
•• deceit 몡 기만, 거짓말

contradict [kàntrədíkt] 됭 모순되다, 부정하다

■ contradict oneself 모순된 말을 하다
•• contradiction 몡 모순, 부정, 반박

fallacy [fǽləsi] 몡 그릇된 생각, 오류

□ I will not subscribe to popular fallacies.
나는 세상의 잘못된 생각에 동참할 생각은 없다.
•• fallacious 혭 그릇된

5th day*

rumor [rúmər] 명 소문 동 소문을 내다

- The rumor has got abroad. 소문이 좍 퍼졌다.
- There is a rumor that he is ill. 그가 아프다는 소문이 있다.
- One rumor begets another. 소문이 소문을 낳는다.

folly [fɔ́li] 명 우매(= foolishness), 바보 같은 행동

- It's the height of folly. 그것은 어리석음의 극치이다.
- I'm ashamed of my folly. 바보짓을 해서 면목이 없습니다.

rude [ruːd] 형 무례한, 버릇없는

- Her rude manner annoyed me. 그녀의 무례한 태도가 나를 짜증나게 했다.
- You don't want to be rude. 너는 버릇없이 굴어서는 안된다.
- •• rudeness 명 무례

slang [slæŋ] 명 속어

- "Cop" is slang for "policeman." cop은 policeman의 속어이다.
- ■ slang expression 속어 표현

bribe [braib] 명 뇌물 동 뇌물을 주다

- He barely asked me a bribe. 그는 내게 노골적으로 뇌물을 요구했다.
- He admitted taking bribes. 그는 뇌물을 받았다고 인정했다.
- •• bribery 명 뇌물 행위

flatter [flǽtər] 동 비위맞추다, 아첨하다

- ■ flatter the powerful 권력자에게 아첨하다
- ■ flatter for money 돈을 보고 아양떨다
- I hate to be flatterd. 아부하는 사람은 질색이다.
- •• flattery 명 아첨

cope [koup] 동 맞서다, 대처하다

- They could not cope with the enemy. 그들은 적을 감당해 내지 못했다.
- cope with in a positive attitude 긍정적인 자세로 대처하다

forsake [fərséik] 동 버리다, 포기하다

- forsake one's faith 믿음을 버리다
- forsake all the riches 전 재산을 포기하다

desert [dizə́:rt] 동 버리다, 저버리다 명 [dézə:rt] 사막

- He isn't the man to desert me. 그는 나를 버릴 남자가 아니다.
- A desert lacks water. 사막에는 물이 없다.
- •• deserted 형 사람이 없는

sin [sin] 명 (도덕상의) 죄악

- Lying is a sin. 거짓말하는 것은 죄이다.

crime [kraim] 명 (법률상의) 범죄

- Juvenile crime is increasing at a terrific rate.
  청소년 범죄가 무서운 속도로 증가하고 있다.
- •• criminal 형 범죄의 명 범인

conflict [kánflikt] 명 분쟁, 충돌, 대립

- A conflict of opinions arose over the matter.
  그 문제를 두고 의견 충돌이 일어났다.

intrude [intrú:d] 동 침입하다

- intrude upon another's privacy 남의 사생활에 참견하다
- •• intrusion 명 침입

invade [invéid] 동 침해하다, 침입하다

- be invaded by a foreign nation 외국의 침략을 받다
- •• invasion 명 침입, 침공

siege [siːdʒ] 명 포위공격

- siege warfare 포위 공격전
- lay siege to a fortress 요새를 둘러싸다

defense [diféns] 명 방어, 옹호

- Offense is the best defense. 공격은 최선의 방어이다.
- talk in defense of the weak 약자를 두둔해 말하다
- • defend 동 방어하다

struggle [strʌ́gəl] 명 투쟁, 분투 동 분투하다

- struggle to resist invasion 침입에 대항하여 투쟁하다
- struggle for a living 생계를 위해 악전고투하다

strife [straif] 명 투쟁, 싸움

- a strife between capital and labor 노사간의 투쟁
- keep away party strife 분쟁에 끼어들지 않다

refuge [réfjuːdʒ] 명 피난(처)

- People sought refuge in a neighboring country.
  사람들이 이웃 나라로 피난했다.
- • refugee 명 피난자

separate [sépərit] 형 분리된 동 [sépərèit] 떼어놓다, 분리하다

- separate volumes 별책
- separate politics from religion 정치와 종교를 분리하다

rage [reidʒ] 명 격노, 격분, 유행

- His face had contorted with rage. 그의 얼굴은 분노로 일그러졌다.

indignation [ìndignéiʃən] 명 분개, 분노

- He could hardly contained his indignation. 그는 분노를 참을 수 없었다.
- • indignant 형 성난, 분개하는

fury [fjúəri] 명 격노, 격분

□ The word roused him to fury. 그 말 때문에 그는 격분했다.
•• furious 형 격노한

hatred [héitrid] 명 증오

■ hatred against the enemy 적에 대한 증오감
•• hateful 형 지겨운, 싫은
•• hate 동 미워하다, 싫어하다

grief [griːf] 명 비통, 슬픔

□ Her grief was painful to behold. 그녀의 슬픔은 보기에도 딱했다.
•• grieve 동 슬퍼하다, 슬프게 하다
•• grievous 형 슬픈

lament [ləmént] 동 슬퍼하다, 비탄하다(= deplore) 명 비탄, 한탄

■ lament one's hard fate 자신의 불운을 슬퍼하다
•• lamentable 형 개탄할, 한심한

torment [tɔːrmént] 동 괴롭히다 명 [tɔ́ːrment] 고문, 고통

■ torment a small dog 강아지를 괴롭히다

distress [distrés] 명 고뇌, 번민, 고난, 곤궁 동 고민하게 하다

■ moan in distress 고통으로 신음하다
□ He is a great distress to the family. 그는 가족에게 큰 골칫거리다.

misery [mízəri] 명 비참, 불행

■ live in misery 비참하게 살다
■ miseries of mankind 인류의 불행
•• miserable 형 비참한, 불행한

despair [dispéər] 명 절망, 낙담(↔ hope 희망)

□ He abandoned himself to despair. 그는 절망으로 인해 체념했다.
•• desperate 형 절망적인

6th day*

tragedy [trǽdʒədi] 명 비극

□ He went insane from the tragedy.
그는 그 비극적인 사건 때문에 정신이 이상해졌다.
•• tragic 형 비극적인

severe [sivíər] 형 엄한, 극심한, 심각한

□ He is severe with his children. 그는 자식들에게 엄하다.
□ He had to be disciplined severely.
그는 혹독하게 훈련을 받아야만 했다.
•• severity 명 엄격, 혹독

violence [váiələns] 명 격렬, 폭력, 난폭

□ He controlled the violence of his feelings.
그는 격렬한 감정을 억눌렀다.
•• violent 형 격렬한, 흉포한

nightmare [náitmὲər] 명 악몽(= bad dream)

■ wake up from a nightmare 악몽에서 깨어나다
•• nightmarish 형 악몽같은

terrible [térəbəl] 형 무시무시한, 지독한

□ I dreamt a terrible dream. 나는 무서운 꿈을 꾸었다.
□ Skunk smells terrible. 스컹크는 지독한 냄새가 난다.
•• terribly 부 무시무시하게, 심하게

shrewd [ʃruːd] 형 빈틈없는, 영민한(↔ dull 우둔한)

■ a shrewd politician 빈틈없는 정치가
■ a shrewd guess 예리한 추측

stern [stəːrn] 휑 엄격한, 단호한

- He was brought up in a stern family. 그는 엄격한 가정에서 자랐다.
- take stern measures 냉엄한 조치를 취하다

strict [stri(k)t] 휑 엄격한, 엄밀한

- give strict orders 엄중히 명하다
- a strict interpretation of a law 법률의 엄밀한 해석

punctual [pʌ́ŋktʃuəl] 휑 시간을 엄수하는

- She is punctual to the minute. 그녀는 1분도 시간을 어기지 않는다.
- •• punctuality 휑 시간엄수

extreme [ikstríːm] 휑 극도의, 극단적인

- run to an extreme 극에 달하다
- He has extreme views. 그는 극단적인 견해를 갖고 있다.

intense [inténs] 휑 (정도가) 강한, 극도의

- The training was intense. 훈련은 강도가 높았다.
- •• intensive 휑 집중적인

perplex [pərpléks] 툉 당혹케 하다, 난감하게 하다

- His silence perplexes me. 그의 침묵이 나를 당황하게 한다.
- •• perplexity 휑 당황, 혼란

bewilder [biwíldər] 툉 당황하게 하다(= confuse, perplex)

- She was bewildered by their questions.
  그녀는 그들의 질문 공세에 당황하게 되었다.
- •• bewilderment 휑 당황, 당혹

confuse [kənfjúːz] 툉 혼동하다, 어리둥절해 하다

- confuse liberty with license 자유를 방종과 혼동하다
- •• confusion 휑 혼동, 혼란

alarm [əlɑ́ːrm] [동] 놀라게 하다 [명] 놀람, 경보

- cry out in alarm 놀라서 소리 지르다
- sound a fire alarm 화재경보기를 울리다

peril [pérəl] [명] 위험

- survive all perils 온갖 위험 속에서 살아남다

●● perilous [형] 위험한

warn [wɔːrn] [동] 경고하다

□ He warned me not to be late. 그는 내게 늦지 말라고 경고했다.

●● warning [명] 경고

menace [ménəs] [명] 위협, 협박

- a menace to peace 평화에 대한 위협

●● menacing [형] 위협적인

dominate [dɑ́mənèit] [동] 지배하다, 통치하다

- dominate the world 세계를 지배하다

●● domination [명] 지배, 통치

reign [rein] [명] 치세, 지배, 군림

- die in the fifth year of reign 재위 5년에 서거하다
- reign over people 국민 위에 군림하다

conquest [kɑ́ŋkwest] [명] 정복

- push one's conquests still farther 더 멀리 정복해 나아가다

●● conquer [동] 정복하다

emphasis [émfəsis] [명] 강조

□ It deserves special emphasis. 그 점은 역설할 필요가 있다

●● emphatic [형] 어조가 강한

impose [impóuz] 동 부과하다, 강요하다

- impose a duty   세금을 부과하다
- impose one's opinion upon others   자기 의견을 남에게 강요하다
- •• imposing 형 위압하는, 당당한

prohibit [prouhíbit] 동 금지하다

- prohibit the sale of alcoholic liquors   주류 판매를 금지하다
- •• prohibition 명 금지

forbid [fərbíd] 동 금지하다

- The government forbids an illegal assembly.
  정부는 불법 집회를 금지하고 있다.

persecute [pə́ːrsikjùːt] 동 박해하다(↔ protect 보호하다)

- persecute a religion   종교를 박해하다
- •• persecution 명 박해

hinder [híndər] 동 방해하다

- Don't hinder her work.   그녀의 일을 방해하지 마라.
- •• hindrance 명 방해

respond [rispánd] 동 반응하다, 응답하다

- Nerves respond to a stimulus.   신경은 자극에 반응한다.
- I responded to her letter.   나는 그녀의 편지에 답장했다.
- •• response 명 반응, 응답

reaction [riːǽkʃən] 명 반응, 반동

- What was his reaction?   그 사람 반응이 어땠어요?
- reaction against militarism   군국주의에 대한 반동
- •• react 동 반응하다

tension [ténʃən] 명 긴장

- release the tension in the shoulder muscles   어깨 근육의 긴장을 풀다
- •• tense 형 팽팽한, 긴장한

7th day*

resistance [rizístəns] 몡 저항

□ They put up a stiff resistance. 그들은 완강히 저항했다.
■ resistance without violence 비폭력 저항
•• resistant 혱 저항하는
•• resist 동 저항하다, 억제하다

avoid [əvɔ́id] 동 피하다, 회피하다(= evade, escape)

□ I try to avoid junk food. 건강에 해로운 음식은 피하려고 노력한다.
■ avoid one's responsibility for 책임을 회피하다
•• avoidance 몡 회피, 기피

restrain [ristréin] 동 제지하다, 억제하다(= resist)

■ restrain a child from doing mischief 아이가 장난을 못하게 하다
■ restrain international trade 무역을 제한하다
■ restrain one's temper 감정을 누르다
•• restraint 몡 제지, 억제

irresistible [ìrizístəbəl] 혱 저항할 수 없는, 억제할 수 없는

■ an irresistible temptation 저항하기 힘든 유혹
■ an irresistible force 불가항력
■ feel an irresistible yearning 그리움을 못이기다

obedience [oubíːdiəns] 몡 복종, 순종

□ They compelled obedience from us. 그들은 우리에게 복종을 강요했다.
■ active obedience 자발적인 순종
•• obedient 혱 복종하는

submit [səbmít] 몡 복종하다, 제출하다

□ He submitted to the decision of fate. 그는 운명의 결정에 순순히 따랐다.
□ Please fill it out and submit. 기입한 후 제출해주시기 바랍니다.
•• submission 몡 복종, 제출

reveal [riví:l] 통 드러내다, 폭로하다(= disclose)

□ He revealed his ignorance. 그는 자신의 무지를 드러냈다.
•• revelation 명 폭로

betray [bitréi] 통 배반하다, 드러내다(= reveal)

□ The man betrayed his country. 그는 그의 조국을 배신했다.
•• betrayal 명 배반

expose [ikspóuz] 통 노출시키다, 폭로하다(= reveal), 접하게 하다

□ Don't expose your skin to the sun. 햇볕에 피부를 노출시키지 마라.
■ expose the inside 내막을 폭로하다
•• exposure 명 폭로, 노출

conceal [kənsí:l] 통 숨기다, 은폐하다(= hide)

□ I don't conceal anything from you.
나는 네게 아무것도 숨기지 않는다.
•• concealment 명 은폐, 은닉

disgrace [disgréis] 명 불명예, 치욕

■ bring a disgrace on one's school 학교의 이름을 욕되게 하다
•• disgraceful 형 수치스러운

insult [insʌ́lt] 통 모욕하다 명 [ínsʌlt] 모욕, 모욕적 언행

□ He was insulted in public. 그는 여러 사람 앞에서 모욕을 당했다.

humiliate [hju:mílièit] 통 창피를 주다, 굴욕감을 주다

■ humiliate in public 사람들 앞에서 창피를 주다
•• humiliation 명 굴욕

ignore [ignɔ́:r] 통 무시하다

□ He completely ignored their opinions. 그는 그들의 의견을 완전히 무시했다.

ridicule [rídikjùːl] 명 비웃음, 조소 동 비웃다

□ You must not expose yourself to ridicule.
남의 비웃음을 받는 짓을 해서는 안 된다.
•• ridiculous 형 우스꽝스러운

notorious [noutɔ́ːriəs] 형 악명 높은(= infamous)

□ She is a notorious liar. 그녀는 악명 높은 거짓말쟁이다.

slavery [sléivəri] 명 노예제도, 노예 신분

■ the abolition of slavery 노예 제도의 폐지

revolution [rèvəlúːʃən] 명 혁명, 회전

■ the Industrial Revolution 산업 혁명
■ the revolution of the earth 지구의 공전
•• revolutionary 형 혁명적인
•• revolt 명 반란, 봉기

hostility [hɑstíləti] 명 적의, 적개심

■ entertain hostility 적의를 품다
■ hidden hostility 감춰진 적개심
•• hostile 형 적의 있는

stumble [stʌ́mbəl] 동 비틀거리다 명 비틀거림

□ The old man stumbled along. 그 노인은 비틀거리며 걸어갔다.

nuisance [njúːsəns] 명 폐, 성가심, 성가신 것

□ He keeps making a nuisance of himself. 그는 성가신 일만 저지른다.
■ cause a nuisance to the people 민폐를 끼치다

arrogant [ǽrəgənt] 형 거만한, 오만한

□ I resent his being too arrogant. 그가 너무 오만한 것이 불쾌하다.
•• arrogance 명 거만, 오만

conceit [kənsíːt] 명 자부심, 자만

□ She is full of conceit. 그녀는 자만심으로 가득 차 있다.
•• conceited 형 우쭐대는

boast [boust] 동 자랑하다, 뽐내다

□ He boasts of being rich. 그는 부자라고 자랑하고 있다.
•• boastful 형 자랑하는, 허풍 떠는

selfish [sélfiʃ] 형 이기적인

□ He has a very selfish disposition. 그는 다분히 자기중심적이다.

hypocrisy [hipákrəsi] 명 위선

□ I was annoyed by their hypocrisy. 나는 그들의 위선에 화가 났다.
•• hypocritical 형 위선적인

vanity [vǽnəti] 명 허영심, 덧없음

■ a woman full of vanity 허영에 찬 여자
□ All is vanity in life. 인생은 허무하다.
•• vain 형 허영심이 강한, 헛된

transient [trǽnʃənt] 형 일시적인, 덧없는, 무상한

■ a transient mood 일시적 기분
■ a transient phenomenon 과도기 현상
■ transient life 덧없는 인생

temporary [témpərèri] 형 일시적인

□ The drop in sales is only a temporary blip.
매출 감소는 일시적 현상일 뿐이다.
•• temporarily 부 일시적으로

crisis [kráisis] 명 위기

□ The Koreans got over the economic crisis. 한국인은 경제 위기를 극복했다.
•• critical 형 위기의, 위독한

8th day*

stable [stéibl] 형 안정된(↔ unstable 불안정한) 명 마구간

- They wanted a stable government. 그들은 안정된 정부를 원했다.
- take a horse out of a stable 마구간에서 말을 끌어내다
- •• stability 명 안정(성), 마구간

sane [sein] 형 제정신의, 건전한(↔ insane 미친)

- a sane judgment 분별 있는 판단
- a sane idea 건전한 생각
- •• sanity 명 제정신, 건전함

harmony [háːrməni] 명 조화, 화합

- Everything seems to be harmony with one another.
  만물이 서로 조화를 이룬 듯하다.
- live in harmony 화합하여 살다
- •• harmonious 형 조화를 이루는

annoy [ənɔ́i] 동 짜증나게 하다

- Her rude manner annoyed me. 그녀의 무례한 태도가 나를 짜증나게 했다.
- annoy a women 여자한테 치근덕거리다
- •• annoyance 명 성가심, 성가신 일

vex [veks] 동 짜증나게 하다(= irritate, annoy), 괴롭히다

- Her continuous chatter vexes me.
  그녀의 끊임없는 지껄임에 짜증이 난다.
- •• vexation 명 짜증냄, 짜증나는 일

grumble [grʌ́mbəl] 동 불평하다(= complain)

- He grumbles at everything. 그는 사사건건 불평한다.
- grumble at one's food 음식에 대해 푸념하다

criticism [krítisìzəm] 명 비평, 비판

□ His work is beyond criticism. 그의 작품은 비평의 여지가 없다.
□ He rather abashed at her criticisms. 그는 그녀의 비판에 다소 당황했다.
•• critical 형 비평하는, 비판하는

despise [dispáiz] 동 경멸하다(↔ respect 존경하다)

□ I despise liars. 나는 거짓말쟁이를 경멸한다.

reproach [ripróutʃ] 명 비난 동 비난하다(↔ praise 칭찬하다)

□ His conduct is above reproach. 그의 행동에는 비난의 여지가 없다.
□ They reproached him for cowardice. 그들은 그가 비겁하다고 비난했다.

blame [bleim] 동 나무라다, 비난하다, ~ 탓으로 돌리다

□ Don't blame him. 그를 책망하지 마라.
□ He takes the blame upon himself. 그는 제 탓이라고 한다.

accuse [əkjúːz] 동 비난하다, 고발하다

■ accuse the hardness of the world 세상의 무정을 탓하다
•• accusation 명 고발, 비난

reputation [rèpjutéiʃən] 명 평판, 명성

□ He is a lawyer of good reputation. 그는 평판이 좋은 변호사이다.
•• repute 동 ~라고 생각하다

fame [feim] 명 명성

□ She has achieved worldwide fame. 그녀는 세계적인 명성을 얻었다.
•• famous 형 유명한

faculty [fǽkəlti] 명 능력

□ He has a great faculty for writing. 그는 작문에 대단한 재능이 있다.
•• facultative 형 능력의, 특권을 주는

competence [kámpətəns] 명 능력

□ There is no doubt of his competence for the work.
그가 그 일을 해낼 능력이 있는 것은 확실하다.
•• competent 형 유능한(↔ incompetent 무능한)

insight [ínsàit] 명 통찰력

■ a man of insight 통찰력이 있는 사람
□ She has a subtle insight. 그녀는 예민한 통찰력이 있다.

capable [kéipəbəl] 형 유능한(= competent)

■ a capable teacher 유능한 교사
•• capability 명 능력

prospect [práspekt] 명 가능성, 예상

□ There is no prospects of success. 성공할 가망은 없다.
•• prospective 형 가능성 있는

infinite [ínfənit] 형 무한한(↔ finite 유한한)

□ The universe is theoretically infinite. 이론적으로 우주는 무한하다.
•• infinity 명 무한대

capacity [kəpǽsəti] 명 능력, 역량, 수용능력

□ She has enough capacity to do this job.
그녀는 이 일을 너끈히 해낼 능력이 있다.
■ the seating capacity of a bus 버스의 정원
•• capable 형 재능 있는(= gifted)

talent [tǽlənt] 명 재능

□ He has a native talent. 그는 천부적인 재능을 갖고 있다.
•• talented 형 재능 있는(= gifted)

proficient [prəfíʃənt] 형 능숙한

□ She is proficient at German. 그녀는 독일어에 능숙하다.
•• proficiency 명 능숙

surpass [sərpǽs] [동] 능가하다, 뛰어나다

□ He surpasses me in knowledge. 그는 지식에 있어서 나보다 낫다.
■ surpass others both in character and ability 인물과 능력이 모두 탁월하다

efficiency [ifíʃənsi] [명] 능률, 효율

■ put out the maximum efficiency 최대한도의 능률을 내다
■ raise the efficiency of production 생산 효율을 높이다
●● efficient [형] 능률적인, 효율적인

specialize [spéʃəlàiz] [동] 전문적으로 하다, 전문화하다

□ The doctor specializes in pediatrics. 그 의사는 소아과 전문이다.
●● specialization [명] 전문화

supreme [səpríːm] [형] 최고의

□ He is the supreme commander. 그는 최고 사령관이다.

effect [ifékt] [명] 결과, 효과

□ The medicine took instant effect. 그 약은 즉시 효력을 나타냈다.
●● effective [형] 효과적인

outcome [áutkʌ̀m] [명] 결과(= result)

□ He was pleased with the outcome. 그는 결과에 만족했다.

influence [ínfluəns] [명] 영향(력) [동] 영향을 미치다

□ She was heavily influenced by her mother.
그녀는 어머니의 영향을 크게 받았다.
■ have a bad influence 악영향을 미치다

acknowledge [əknálidʒ] [동] 인정하다, 감사하다, 답장을 쓰다(= reply)

■ acknowledge one's fault 자기의 잘못을 시인하다
■ acknowledge a favor 호의에 감사하다
●● acknowledgement [명] 인정, 감사

9th day*

recognize [rékəgnàiz] 통 인정하다, 인식하다

- I recognize that you are right. 나는 네가 옳다는 것을 인정한다.
- They recognized him instantly. 그들은 곧 그를 알아보았다.
- •• recognition 명 인정, 인식

admit [ædmít] 통 인정하다, 허가하다

- admit a mistake   오류를 인정하다
- admit into a school   입학을 허가하다
- •• admission 명 인정, 입학허가

recommend [rèkəménd] 통 추천하다, 권장하다

- He recommended me to the company. 그는 나를 그 회사에 추천했다.
- I strongly recommend it. 강력하게 권장하고 싶습니다.
- •• recommendation 명 추천, 권장

reconcile [rékənsàil] 통 화해시키다, 조화시키다

- We have been reconciled with each other. 우리는 서로 화해했다.
- •• reconciliation 명 화해

improve [imprúːv] 통 향상시키다, 개선하다, 나아지다

- We improved the efficiency of our work. 우리는 일의 능률을 높였다.
- His health gradually improved. 그의 건강은 점차 회복되었다.
- •• improvement 명 개선, 향상

accelerate [æksélərèit] 통 속도를 더하다, 촉진하다

- accelerate one's car   차의 속력을 내다
- accelerate the growth of a plant   식물의 성장을 촉진하다
- •• acceleration 명 가속(도), 촉진

soar [sɔːr] 통 높이 치솟다

■ A bird soars sky high. 새가 하늘 높이 날아 오른다.

reinforce [rìːinfɔ́ːrs] 통 강화하다, 보강하다

■ reinforce the defenses 수비를 강화하다
■ reinforce a wall with mud 진흙으로 벽을 보강하다

increase [inkríːs] 명 증가(↔ decrease 감소) 통 [ínkriːs] 증가하다

□ When will the price increase go into effect?
가격 인상이 언제부터 적용되나요?

relief [rilíːf] 명 경감, 안심, 구호

□ This medicine gave me relief. 이 약을 먹으니 통증이 없어졌다.
□ I sighed with relief. 나는 안도의 한숨을 쉬었다.
■ the relief of the poor 빈민구제

stretch [stretʃ] 통 잡아 늘이다, 펴다 명 넓이

□ The rubber band stretches. 고무 밴드는 늘어난다.
□ The dog stood up and stretched. 개가 일어나 기지개를 켰다.

revive [riváiv] 통 소생하다, 부활하다

■ revive one's spirit 원기를 회복하다
•• revival 명 소생, 부활

restore [ristɔ́ːr] 통 되돌려주다, 원상회복하다

□ The art treasures were restored. 그 귀중한 미술품들은 반환되었다.
□ Order was restored to the city. 시내의 질서가 회복되었다.
•• restoration 명 원상회복

recover [rikʌ́vər] 통 회복하다, 되찾다

□ I hope he will recover soon. 나는 그가 곧 회복되기를 바란다.
•• recovery 명 회복

decline [dikláin] 동 쇠퇴하다, 타락하다, 기울다, 거절하다 명 쇠퇴

- I feel decline today. 요즘 몸이 쇠약해지는 것을 느낀다.
- He declined the offer. 그는 그 제의를 거절했다.

decrease [díːkriːs] 명 감소(↔ increase 증가) 동 [dikríːs] 감소하다

- The population is projected to decrease.
  인구가 감소할 것으로 예상된다.

reject [ridʒékt] 동 거절하다(= refuse)

- He rejected my help. 그는 내 도움을 거절했다.
- ●● rejection 명 거부, 거절

upset [ʌpsét] 동 뒤엎다, 망쳐놓다, 어지럽히다 형 언짢게 생각하는(= unhappy)

- The vase has been upset. 꽃병이 엎어졌다.
- ■ upset a theory 학설을 뒤집다

destructive [distrʌ́ktiv] 형 파괴적인

- ■ the horrible destructive power of nuclear weapons
  핵무기의 가공할 파괴력
- ●● destruction 명 파괴
- ●● destroy 동 파괴하다

abolish [əbáliʃ] 동 폐지하다(= do away with)

- The death penalty should be abolished. 사형은 폐지되어야 한다.
- ●● abolition 명 폐지, 철폐

circumstance [sɔ́ːrkəmstæns] 명 상황, 사정

- She lives in good circumstances. 그녀는 좋은 환경에서 산다.

entreat [entríːt] 동 간청하다(= implore)

- I entreat this favor of you. 제발 이 청을 들어 주십시오.

pity [píti] 명 연민, 유감

□ Pity tore his breast. 연민의 정이 그의 가슴을 아프게 했다.
□ It really is a pity. 그건 참으로 유감이다.
●● pitiful 형 인정 있는
●● pitiless 형 무정한

gratitude [ɡrǽtətjùːd] 명 감사

□ Her heart is overflowing with gratitude.
그녀의 가슴은 감사한 마음으로 차 있다.
●● grateful 형 감사하고 있는

appreciate [əpríːʃièit] 동 이해하다, 감사하다, 감상하다

■ appreciate how he feels 그의 심정을 이해하다
□ I appreciate your cooperation. 협조해 주서서 감사합니다.
■ appreciate the beauties of nature 자연의 아름다움을 느끼다

grasp [ɡræsp] 동 파악하다, 이해하다 명 이해, 파악

■ grasp the truth 진상을 파악하다
■ grasp the meaning of a sentence 문장의 뜻을 이해하다

detect [ditékt] 동 탐지하다, 간파하다

□ He detected a gas leak. 그는 가스가 새는 것을 탐지했다.
●● detection 명 탐지, 간파

comprehend [kàmprihénd] 동 이해하다, 포함하다

□ He didn't comprehend of the teacher's remark.
그는 선생님 말씀을 이해하지 못했다.
●● comprehension 명 이해

persuade [pəːrswéid] 동 설득하다

□ He persuaded me to forgive her. 그는 그녀를 용서하도록 나를 설득했다.
●● persuasive 형 설득력 있는

convince [kənvíns] 동 납득시키다, 확신시키다

□ I couldn't convince him of his mistake.
나는 그의 잘못을 납득시킬 수가 없었다.
●● conviction 명 확신, 신념

10th day*

compromise [kámprəmàiz] 몡 타협 통 타협하다

□ There is no room for compromise. 타협의 여지가 없다.
■ compromise with a person over something ~와 어떤 문제를 타협하다

behavior [bihéivjər] 몡 행동, 행위

□ I was astonished at her behavior. 나는 그녀의 행동에 놀랐다.
□ His behavior was nothing short of criminal.
  그의 행위는 범죄 행위나 다름없다.
•• behave 통 행동하다

fulfill [fulfíl] 통 이행하다, 충족시키다

□ They're fulfilling an obligation. 그들은 의무를 다하고 있다.
□ My cherished desire has been fulfilled. 나의 염원이 이루어졌다.
•• fulfillment 몡 이행, 충족

accomplish [əkámpliʃ] 통 이루다, 성취하다

■ accomplish one's purpose 목적을 이루다
■ accomplish one's mission 소임을 다하다
•• accomplishment 몡 성취, 성과, 재능

attain [ətéin] 통 달성하다(= achieve)

■ attain the goal of production 생산 목표에 달하다
■ attain one's object 목적을 달성하다
•• attainment 몡 달성

combine [kəmbáin] 통 결합시키다, 결합하다

□ It's difficult to combine work with pleasure.
  일과 오락을 결합시키기는 어렵다.
■ combine two classes 두 반을 한 반으로 합하다
•• combination 몡 결합, 연합

seek [siːk] 통 추구하다, 찾다, 시도하다

- seek a profit 이익을 추구하다
- seek a living for oneself 자활의 길을 찾다

pursue [pərsúː] 통 추구하다, 계속하다

- We pursue eternity. 우리는 영원을 추구한다.
- •• pursuit 명 추구

render [réndər] 통 ~이 되게 하다(= make), 주다(= give)

- render brilliant services 혁혁한 공명을 세우다
- render a bill for payment 지불 청구서를 제출하다

stride [straid] 통 성큼성큼 걷다 명 성큼성큼 걷기, 활보

- stride across a stream 시내를 건너뛰다
- make rapid strides 급속한 진보를 하다

halt [hɔːlt] 통 서다 명 정지

- The match was halted owing to rain. 경기는 우천으로 중지되었다.
- The procession was suddenly brought to a halt. 행렬이 갑자기 섰다.

interrupt [ìntərʌ́pt] 통 중단하다

- We interrupt this program for a special announcement.
  특별 발표로 이 프로그램을 중단합니다.
- •• interruption 명 중단

suspend [səspénd] 통 중지하다, 매달다, 보류하다

- be ordered to suspend business 영업 정지를 당하다
- suspend a ball by a thread 공을 실로 달아매다
- •• suspension 명 매달기, 정지, 보류

equip [ikwíp] 통 갖추게 하다

- equip oneself for a trip 여행 갈 채비를 하다
- •• equipment 명 장비, 설비, 비품

qualify [kwάləfài] 동 자격을 주다

□ He has not yet qualified in law. 그는 아직 변호사 자격이 없다.
- ●● qualification 명 자격
- ●● qualified 형 자격 있는

analogy [ənǽlədʒi] 명 유사성, 유추

- ■ the analogy between the heart and a pump 심장과 펌프의 유사성
- ■ false analogy 틀린 유추
- ●● analogous 형 비슷한, 유사한

welfare [wélfɛ̀ər] 명 복지, 후생(= wellbeing)

- ■ promote social welfare 사회 복지를 향상시키다

livelihood [láivlihùd] 명 생계, 살림

□ He wrote for a livelihood. 그는 생계를 위해 글을 썼다.

finance [finǽns] 명 재정

- ■ handle the finance 재정을 관리하다
- ●● financial 형 재정상의

expense [ikspéns] 명 비용, 경비

- ■ share the expenses with each other 비용을 둘이 분담하다
- ■ operating expenses 운영비
- ●● expend 동 소비하다

calculate [kǽlkjəlèit] 동 계산하다

- ■ calculate the speed of light 빛의 속도를 계산하다
- ●● calculation 명 계산

exceed [iksíːd] 동 초과하다(= go beyond)

□ The demand exceeds the supply. 수요가 공급을 초과한다.
- ●● excess 명 과다

exhaust [igzɔ́ːst] 동 다 써버리다(= use up), 지치게 하다(= tire out)

□ The long journey exhausted the children.
오랜 여행으로 아이들은 탈진했다.
●● exhaustion 명 고갈, 피로

luxury [lʌ́kʃəri] 명 사치

□ I can't afford such luxury. 내 처지에 그런 사치는 바랄 수 없다.
●● luxurious 형 사치스러운

wealth [welθ] 명 부(富), 재산

□ Health is above wealth. 건강이 재산보다 낫다.
●● wealthy 형 부유한

poverty [pávərti] 명 빈곤

■ suffer extreme poverty 빈곤에 시달리다
■ a vicious circle of poverty 빈곤의 악순환

possess [pəzés] 동 소유하다

■ possess a landed property 토지를 소유하다
●● possession 명 소유(물)

profit [práfit] 명 이익, 이윤

□ They made a profit on sale. 그들은 판매 수익을 올렸다.

benefit [bénəfit] 명 이익, 은혜 동 이익이 되다

■ the public benefit 공공의 이익
■ the benefits of civilization 문명의 혜택
●● beneficial 형 유익한

surplus [sə́ːrplʌs] 명 흑자, 여분, 잉여 형 남아도는, 잉여의

■ a current account surplus 경상 수지 흑자
■ dump the surplus goods in foreign markets
과잉 물자를 외국 시장에서 덤핑하다

11th day*

behalf [bihǽf] 명 위함, 이익

□ I plead in behalf of a cause. 나는 정당성을 위해서 변론한다.
■ in a person's behalf ~의 이익을 위하여

account [əkáunt] 명 계좌, 설명 동 설명하다

□ I opened an account at the bank. 나는 그 은행에 계좌를 개설했다.
□ His account is very accurate. 그의 설명은 매우 정확하다.
□ She gave an account of the accident. 그녀는 그 사건을 설명했다.

property [prápərti] 명 재산, 소유권, 특성

□ She inherited the property from her uncle.
그녀는 삼촌의 재산을 상속했다.
■ protection of property 소유권 보호
■ the properties of a chemical compound 화학 화합물의 여러 특성
●● proper 형 고유의, 적당한

feature [fí:tʃər] 명 특징, 용모

■ a face with a noticeable feature 특징 있는 얼굴
■ a man of fine features 용모가 잘 생긴 남자

character [kǽriktər] 명 특징, 인격, 문자

■ a face without any character 특징이 없는 얼굴
□ He betrayed one's character by the manner.
그는 태도로 인품을 드러냈다.
●● characteristic 형 특유의 명 특성

attribute [ətríbju:t] 동 ~의 탓으로 돌리다(= ascribe) 명 [ǽtribju:t] 특성

■ an intrinsic attribute 본질적 특성
□ Honesty is an attribute of a good citizen. 정직은 훌륭한 시민의 본질이다.
■ attribute the failure to bad luck 실패를 불운 탓으로 돌리다

temper [témpər] 몡 기질, 성미, 기분

- He has a bad temper. 그는 성질이 나쁘다.
- He was in a bad temper all day. 그는 하루 종일 기분이 언짢았다.

attitude [ǽtitjùːd] 몡 태도, 자세

- She has a very positive attitude to life.
  그녀는 삶에 대해 아주 긍정적인 태도를 지니고 있다.

bias [báiəs] 몡 성향, 편향

- a religious bias 종교적 편견
- His views are biased. 그의 견해는 편파적이다.

typical [típikəl] 휑 전형적인, 대표적인

- He is a typical honor student. 그는 우등생의 표본이다.
- •• type 몡 전형

unique [juːníːk] 휑 유일한, 독특한, 특유의(= peculiar)

- Her style is very unique. 그녀의 스타일은 매우 독특하다.

sole [soul] 휑 유일한

- Fishing is his sole comfort. 낚시질이 그의 유일한 재미이다.
- •• soley 뷔 단독으로, 오직

particular [pərtíkjələr] 휑 특수한, 까다로운

- a particular friend of mine 각별한 벗
- a particular customer 까다로운 고객
- •• particulars 몡 상세, 명세

distinguish [distíŋgwiʃ] 통 구별하다

- distinguish one from another 어떤 것을 다른 것과 구별하다
- •• distinguished 휑 저명한

eccentric [ikséntrik] 웹 기이한, 괴짜인(= odd) 몡 기인, 괴짜

☐ He has eccentric ways. 그는 괴팍한 버릇이 있다.
●● eccentricity 몡 기행(奇行)

abnormal [æbnɔ́ːrməl] 웹 비정상적인 (↔ normal 정상의, 보통의)

☐ The child is abnormal. 그 아이는 정상이 아닌 것 같다.
■ abnormal behavior 비정상적인 행위

distinct [distíŋkt] 웹 별개의, 확연한

☐ Rats and mice are distinct animals. 쥐와 생쥐는 별개의 동물이다.
●● distinctive 웹 특이한, 특색 있는

identity [aidéntəti] 몡 정체, 신원

☐ He refused to reveal his identity. 그는 그의 신분을 밝히기를 거부했다.
●● identify 동 동일시하다, 확인하다
●● identical 웹 동일한

vivid [vívid] 웹 생생한, 선명한

☐ I have a vivid recollection of it. 그 광경이 눈에 선하다.

obvious [ábviəs] 웹 명백한 (↔ obscure 애매한)

☐ It is obvious that he is lying. 그가 거짓말하고 있다는 것은 분명하다.
■ obvious proof 명백한 증거

apparent [əpǽrənt] 웹 명백한(= obvious), 외견상의(= seeming)

☐ It is quite apparent to everybody. 그것은 누구에게나 아주 명백하다.
☐ That's an apparent reason. 그것은 표면상의 이유에 불과하다.

proof [pruːf] 몡 증거, 증명 웹 ~에 견디는

☐ There is no proof that he is guilty. 그가 유죄라는 증거는 없다.
■ be proof against temtation 유혹에 견디다

evidence [évidəns] 명 증거

- destroy the evidence 증적을 인멸하다
- •• evident 형 명백한

witness [wítnis] 명 증인

- She is a credible witness. 그녀는 신뢰할 만한 증인이다.

secure [sikjúər] 동 확보하다, 보증하다 형 안전한

- secure the supply of goods 물자를 확보하다
- His victory is secure. 그의 승리는 확실하다.
- a secure job with good pay 보수가 좋은 안정된 직업
- •• security 명 안전

accurate [ǽkjərit] 형 정확한(↔inaccurate)

- His account is very accurate. 그의 설명은 매우 정확하다.
- •• accuracy 명 정확, 정확성

precise [prisáis] 형 정밀한, 정확한(↔imprecise)

- a precise instrument 정밀한 기계 the precise meaning 정확한 의미
- •• precision 명 정밀

ambiguous [æmbígjuəs] 형 애매한(↔clear), 불명료한(=vague)

- assume an ambiguous attitude 애매한 태도를 취하다
- •• ambiguity 명 애매, 불명료

obscure [əbskjúər] 형 불명료한, 무명의, 희미한

- an obscure death 원인 불명의 죽음
- I saw an obscure figure. 나는 희미한 사람 그림자를 보았다.
- •• obscurity 명 불명료, 무명, 희미함

neutral [njúːtrəl] 형 중립의

- The country remained neutral in the war.
  그 나라는 전쟁에서 중립을 유지했다.

12th day*

remarkable [rimá:rkəbəl] 형 주목할 만한(= noticeable), 비범한

□ He has enjoyed remarkable success. 그는 괄목할 만한 성과를 이뤄냈다.
■ have a remarkable memory 비범한 기억력을 가지다
•• remarkably 부 현저하게, 두드러지게

privilege [prívəlidʒ] 명 특권, 특전

■ privileges resident in a class 계급 고유의 특권
■ the privilege of exemption from taxation 세금 면제의 특전
•• privileged 형 특권 있는

resolute [rézəlùːt] 형 단호한, 확고한(= decisive)

■ stand resolute for justice 정의를 위해 결연히 일어서다
■ in a resolute manner 확고한 태도로
•• resolution 명 결심
•• resolve 동 결심하다

maintain [meintéin] 동 유지하다, 주장하다

■ maintain a correct posture 바른 자세를 유지하다
■ maintain one's own innocence 자신의 결백을 주장하다
•• maintenance 명 유지, 주장

assert [əsə́ːrt] 동 단언하다, 강력히 주장하다

□ I assert it to be a fact. 그것이 사실임을 단언한다.
□ He asserted his innocence. 그는 자기의 결백을 강력히 주장했다.
•• assertion 명 단언

insist [insíst] 동 주장하다, 고집하다

□ She insisted that the book should be hers.
그녀는 그 책이 자기 것이라고 주장했다.
□ He insists upon accompanying us. 그는 따라가겠다고 고집을 세운다.

persist [pərsíst] 통 고집하다, 지속하다

- persist in one's opinion 자기 의견을 고집하다
- •• persistent 형 부단한, 끈질긴
- •• persistence 명 고집, 지속

stubborn [stʌ́bərn] 형 완고한, 고집 센

- bend stubborn heart 완고한 마음을 휘다
- be unduly stubborn 쓸데없이 고집을 부리다

obstinate [ɑ́bstənit] 형 완고한, 고집 센(= stubborn)

- obstinate resistance 완강한 저항
- be as obstinate as a mule 고집이 여간 아니다
- •• obstinacy 명 완고, 외고집

delicate [délikət] 형 미묘한, 민감한

- delicate shades of meaning 의미의 미묘한 차이

subtle [sʌ́tl] 형 미묘한, 예민한

- a subtle shifting of the political situation 정국의 미묘한 동향
- She has a subtle insight. 그녀는 예민한 통찰력이 있다.

disgust [disgʌ́st] 통 메스껍게 하다, 넌더리나게 하다 명 혐오감, 질색

- This smell disgusts me. 이 냄새는 정말 역겹다.
- •• disgusting 형 메스꺼운, 넌더리나는

antipathy [æntípəθi] 명 반감, 혐오

- rouse antipathy 반감을 사다
- I have an antipathy to snakes. 뱀은 질색이다.

remote [rimóut] 형 먼, 외딴

- He lives in the remote country from the city.
  그는 도시에서 멀리 떨어진 시골에 산다.

exotic [igzátik] 형 이국적인, 외국산의

- an exotic mood 이국적 정취
- exotic plants 외래 식물

alien [éiljən] 형 외국의, 이질적인 명 외국인, 외계인

- It is alien to my tastes. 그것은 내 기호에 맞지 않는다.
- They dislike aliens. 그들은 외국인을 좋아하지 않는다.

universe [júːnəvəːrs] 명 우주, 전세계

- the origin of the universe 우주의 기원
- Music is a universal language. 음악은 세계 공통어이다.
- ● universal 형 우주의, 전세계의, 보편적인

sphere [sfiər] 명 구체, 공, 영역, 범위

- calculate the surface area of a sphere 구면의 면적을 계산하다
- He has a wide sphere of action. 그의 활동 범위는 크다.
- ● spherical 형 공 모양의

nuclear [njúːkliər] 형 핵의

- carry out a nuclear test 핵 실험을 하다
- ● nucleus 명 핵

galaxy [gǽləksi] 명 은하, 은하계

- one of the most distant galaxies known 가장 멀리 떨어진 은하계 중 하나

satellite [sǽtəlàit] 명 위성 형 위성의

- All lectures are delivered by satellite. 모든 수업은 위성 중계된다.

gravity [grǽvəti] 명 중력(重力), 중대성

- the law of gravity 중력의 법칙
- ● gravitation 명 인력, 중력

vacuum [vǽkjuəm] 명 진공 형 진공의

□ Sound does not travel in a vacuum. 소리는 진공에서 전달되지 않는다.
■ a spiritual vacuum 정신적 공백

orbit [ɔ́ːrbit] 명 궤도

□ They injected the satellite into its orbit.
그들은 인공위성을 궤도에 쏘아 올렸다.

equator [ikwéitər] 명 적도

□ Singapore lies on the equator. 싱가포르는 적도에 위치해 있다.
●● equatorial 형 적도의

ray [rei] 명 광선

□ The sun pours forth its rays. 태양은 광선을 방사한다.

horizon [həráizən] 명 지평선, 수평선

□ The ship vanished beyond the horizon. 배가 수평선 너머로 사라졌다.
●● horizontal 형 수평의(↔ vertical 수직의)

atmosphere [ǽtməsfiər] 명 대기, 분위기

■ oxygen in the atmosphere 대기 중의 산소
■ produce a terror atmosphere 공포 분위기를 조성하다
●● atmospheric 형 대기의

barometer [bərámitər] 명 기압계, 지표, 척도

■ a marine barometer 선박용 기압계
■ a barometer of civilization 문명의 척도

tropical [trápikəl] 형 열대의

■ the tropical nights phenomenon 열대야 현상
●● tropics 명 열대지방

13th day *

ancient [éinʃənt] 형 고대의(↔ modern 현대의)

He studies ancient civilization. 그는 고대 문명을 연구한다.
•• anciently 부 옛날에는, 고대에

immemorial [ìmimɔ́ːriəl] 형 태고의

■ from time immemorial 유구한 옛날부터

initial [iníʃəl] 형 처음의 명 머리문자

The return on the initial investment was huge.
초기 투자에 대한 이득은 엄청났다.
■ the initial stage 초기, 제1기
■ initial a handkerchief 손수건에 머리글자를 넣다
•• initiate 동 시작하다, 창시하다

ultimate [ʌ́ltəmit] 형 최후의, 최종적인

■ take the ultimate step 최후 수단을 쓰다
■ the ultimate end of life 인생의 궁극적 목적
•• ultimatum 명 최후의 말, 최후통첩

expedition [èkspədíʃən] 명 탐험, 원정

He went on an expedition to the South Pole. 그는 남극 탐험을 계속했다.
The expedition ended with his death.
그 원정은 그의 죽음으로 막을 내렸다.
•• expeditionary 형 탐험의

commence [kəméns] 동 시작하다, 개시하다

■ commence the study of law 법학 공부를 시작하다
■ commence business 영업을 개시하다
•• commencement 명 개시, 대학 졸업식

epoch [épək] 명 시대(= era), 신기원, 획기적인 일

- move into a new epoch 새로운 시대로 들어가다
- It marks an epoch in Korean history. 그것은 한국 역사에 획기적인 일이다.
- •• epoch-making 형 획기적인

source [sɔːrs] 명 원천, 근원

- Greece is the source of European cultures.
  그리스는 유럽 문화의 근원이다.
- dig up the source of a quotation 인용의 출처를 찾다

species [spíːʃi (ː) z] 명 종(種)

- It is a rare species of roses. 그것은 희귀한 장미종이다.

contemporary [kəntémpərèri] 형 동시대의, 현대의 명 동시대인

- Goethe was contemporary with Beethoven.
  괴테는 베토벤과 동시대 사람이었다.
- an indictment of contemporary morality 현시대의 도덕성에 대한 비난

civilization [sìvəlizéiʃən] 명 문명

- the introduction of Western civilization 서양 문명의 유입
- •• civilize 동 문명화하다
- •• civil 형 시민의

tribe [traib] 명 부족, 종족

- He tried to civilize the tribe. 그는 그 부족을 개화하려고 애썼다.
- •• tribal 형 부족의

patriotism [péitriətìzəm] 명 애국심

- Their hearts burn with patriotism. 그들의 마음은 애국의 정열로 끓고 있다.
- •• civilize 명 애국자

doctrine [dáktrin] 명 교리, 주의(主義)

- He studied the Christian doctrine. 그는 기독교 교리를 연구했다.

tyranny [tírəni] 명 전제정치

□ Where laws end, tyranny begins.
법치주의가 끝난 곳에서 전제 정치가 시작된다.
•• tyrannical 형 전제적인

aristocracy [ærəstákrəsi] 명 귀족정치

•• aristocrat 명 귀족
•• aristocratic 형 귀족의, 귀족정치의

democracy [dimάkrəsi] 명 민주주의

■ fight for democracy 민주주의를 위하여 투쟁하다
•• democratic 형 민주주의의, 민주적인

liberty [líbərti] 명 자유

□ Give me liberty, or give me death. 자유가 아니면 죽음을 달라.
•• liberal 형 자유로운, 후한
•• liberalism 명 자유주의

vote [vout] 명 투표

□ You have the right to vote. 당신은 투표할 권리가 있습니다.
■ take a vote on a bill 의안을 표결에 부치다

suffrage [sʌ́fridʒ] 명 참정권, 투표

■ give the suffrage 참정권을 부여하다

unanimous [ju:nǽnəməs] 형 만장일치의

□ We are unanimous for reform. 우리는 개혁에 대해 모두 찬성이다.
•• unanimity 명 만장일치

candidate [kǽndədèit] 명 지원자, 후보자

■ a candidate for admission to a school 입학 지원자
■ vote for the candidate 그 후보자에 대해 찬성투표를 하다

institution [ìnstətjúːʃən] 명 제도, 공공기관

- a living institution 현행 제도
- institutions of higher learning 고등 교육 기관
- •• institutional 형 제도상의, 공공단체의

system [sístəm] 명 조직, 제도, 체계

- be organized on the committee system 위원 조직으로 되어 있다
- the private property system 사유 재산 제도
- •• systematic 형 조직적인, 체계적인

policy [páləsi] 명 정책, 방침

- formulate a foreign policy 대외 정책을 결정하다
- The policy is loudly attacked. 그 방침에 대한 비난의 소리가 높다.

treaty [tríːti] 명 조약

- conclude a treaty with America 미국과 조약을 체결하다
- a mutual security treaty 상호 안전 보장 조약

convention [kənvénʃən] 명 대회, 회의, 관례, 협정

- the minutes of the convention 대회 의사록
- He is a slave to convention. 그는 인습에 사로잡혀 있다.
- accede to a convention 협정에 가입하다
- •• conventional 형 관례적인, 전통적인

usage [júːsidʒ] 명 어법, 관용법, 사용(도)

- Grammar is based on usage. 문법은 관용 어법에 기초한다.

legal [líɡəl] 형 적법한(↔ illegal 불법의), 법률상의

- within the legal limit 법률의 테두리 안에서

justice [dʒʌ́stis] 명 정의, 공정(↔ injustice 불의)

- Finally justice triumphed. 마침내 정의가 이겼다.

14th day*

conscience [kánʃəns] 몡 양심

◻ It is a point of conscience. 그것은 양심의 문제이다.
•• conscientious 혱 양심적인

justify [dʒʌ́stəfài] 몡 정당화하다

◻ The end doesn't always justify the means.
목적이 항상 수단을 정당화하지는 않는다.
•• justification 몡 정당화

constitution [kànstətjúːʃən] 몡 헌법, 구성

◻ The constitution is prior to all other laws.
헌법은 다른 모든 법률에 우선한다.
◻ What's the constitution of the society? 이 모임은 어떻게 구성되어 있습니까?
•• constitute 몡 구성하다
•• constitutional 혱 헌법의

trial [tráiəl] 몡 재판, 시험, 시련

■ apply for a new trial 재심을 청구하다
◻ They made a trial of his strength. 그들은 그의 힘을 시험했다.
■ gird oneself for the trial 시련에 대처하다

violate [váiəléit] 몡 위반하다

■ violate the speed limit 속도 제한을 위반하다
•• violation 몡 위반

arrest [ərést] 몡 체포하다, 저지하다 몡 체포, 저지

■ be arrested on a theft charge 도둑질한 혐의로 체포되다
■ arrest the development of 발달을 저해하다
■ resist being arrested 붙잡히지 않으려고 반항하다
•• arrestive 혱 저지하는

surrender [səréndər] 동 포기하다, 항복하다, 자수하다 명 포기, 항복, 자수

- He surrendered voluntarily to the police. 그는 자진해서 경찰에 자수했다.
- Hunger compelled him to surrender. 그는 배가 고파서 마지못해 항복했다.
- a weak surrender 무기력한 항복

penalty [pénəlti] 명 형벌, 벌금, 위약금

- demand the death penalty 사형을 구형하다
- pay the penalty 벌금을 내다

tax [tæks] 명 세금

- a tax on value added 부가 가치세
- taxation 명 과세

community [kəmjúːnəti] 명 공동체, 지역사회

- a self-contained community 필요 시설이 다 완비된 공동체
- The family is the nucleus of the community. 가족이 지역 사회의 핵이다.

dialect [dáiəlèkt] 명 사투리, 방언

- speak in dialect 사투리로 말하다

infancy [ínfənsi] 명 유아기

- know from his infancy 그의 유아기 때부터 알다
- infant 명 유아 형 유아의

juvenile [dʒúːvənəl] 형 소년(소녀)의, 나이 어린

- Juvenile crime is on the increase. 소년 범죄가 늘고 있다.
- juvenile literature 아동문학

adolescence [ædəlésəns] 명 청년기, 사춘기

- He had a happy adolescence. 그는 행복한 사춘기를 보냈다.
- adolescent 명 청년, 젊은이

twilight [twáilàit] 명 어스름, 황혼

■ the glimmerings of twilight 황혼의 희미한 빛
■ enter the twilight of one's life 말년에 들어서다

chivalry [ʃívəlri] 명 기사도

□ The age of chivalry is not dead. 기사도는 아직 살아 있다.

architecture [á:rkətèktʃər] 명 건축(술)

□ I like the Gothic style of architecture. 나는 고딕 양식의 건축을 좋아한다.
●● architect 명 건축가

sculpture [skʌ́lptʃər] 명 조각

□ The man is making an iron sculpture. 남자가 철제 조각상을 만들고 있다.
●● sculptor 명 조각가

culture [kʌ́ltʃər] 명 문화

■ the characteristics of Oriental culture 동양 문화의 특질
●● cultural 형 문화의

tradition [trədíʃən] 명 전통

■ set store by tradition 전통을 존중하다
●● traditional 형 전통적인

ceremony [sérəmòuni] 명 의식, 의례

■ dispense with ceremony 의식을 생략하다
●● ceremonial 형 의례상의

ancestor [ǽnsestər] 명 조상, 선조

■ His ancestors lie in the cemetery. 그의 조상은 공동묘지에 묻혀 있다.
●● ancestral 형 조상의

offspring [ɔ́(:)fsprìŋ] 명 자손(= children)

- hand down to one's offspring 후손에게 전하다
- produce offspring 아이를 낳다

posterity [pɑstérəti] 명 후손, 후예(↔ ancestry 선조)

- go down to posterity 자자손손 전해지다
- leave one's name on posterity 후세에 이름을 남기다

inherit [inhérit] 동 상속하다, 물려받다

- inherit one's father's property 아버지의 재산을 물려받다
- inherit one's father's disposition 아버지의 기질을 타고나다
- •• inheritance 명 상속

heritage [héritidʒ] 명 유산

- hand pass on a heritage 유산을 전하다
- spiritual heritage 정신적 유산

heredity [hirédəti] 명 유전

- heredity and environment 유전과 환경
- •• hereditary 형 유전성의, 세습되는

legend [lédʒənd] 명 전설

- according to legend 전설에 의하면
- •• legendary 형 전설의, 유명한

primitive [prímətiv] 형 원시적인

- make fire in a primitive way 원시적인 방법으로 불을 일으키다

instinct [ínstiŋkt] 명 본능

- □ Animals act on instinct. 동물은 본능에 따라서 행동한다.
- •• instinctive 형 본능적인

15th day *

savage [sǽvidʒ] 휑 야만적인, 미개한, 사나운 몡 야만인

- savage customs 야만적인 풍습
- savage tribes 미개한 민족
- savage beasts 사나운 맹수들
- The savages darted spears at the lion. 야만인들이 사자를 향해 창을 던졌다.

native [néitiv] 휑 토착의, 원산의 몡 원주민

- She is a native Londoner. 그녀는 런던 토박이다.
- a native chicken 토종닭
- the natives of southern Africa 남아프리카의 원주민들
- • native 몡 출생, 탄생

origin [ɔ́:rədʒin] 몡 기원

- the origin of life 생명의 기원
- a fire of unknown origin 원인 불명의 화재
- • original 휑 본래의, 독창적인

notion [nóuʃən] 몡 관념, 개념(= idea)

- have no notion of punctuality 시간관념이 없다
- a notion of preferring a son to a daughter 남아 선호 사상

conception [kənsépʃən] 몡 개념(= concept), 관념(= idea)

- a grand conception 웅대한 구상
- an imperative conception 강박관념
- • conceive 동 상상하다, 마음에 품다

basis [béisis] 몡 기초, 근거

- It rests on a solid basis. 견고한 기초 위에 서 있다.
- logical basis 논리적 근거
- • basic 휑 기초의, 근본적인

fundamental [fÀndəméntl] 형 근본적인, 기본적인

- the fundamental cause 근본적 원인
- fundamental human rights 기본적 인권

radical [rǽdikəl] 형 근본적인(= fundamental), 급진적인, 과격한

- make a radical reform 근본적인 개혁을 단행하다
- He has radical ideas. 그는 급진적인 사상의 소유자이다.

soul [soul] 명 영혼, 사람

- the abode of the departed souls 육체를 떠난 영혼의 안식처
- an honest soul 정직한 사람

spirit [spírit] 명 정신, 원기

- the professional spirit 직업 정신
- Their spirits went up. 그들은 기세가 올랐다.
- •• spiritual 형 정신적인

religion [rilídʒən] 명 종교

- separate politics from religion 정치와 종교를 분리하다
- •• religious 형 종교적인

superstition [sùːpərstíʃən] 명 미신

- do away with superstitions 미신을 타파하다
- •• superstitious 형 미신에 사로잡힌

prophecy [práfəsi] 명 예언

- The prophecy came true. 예언이 적중했다.
- •• prophesy 동 예언하다

predict [pridíkt] 동 예측하다

- Many predicted a bleak future. 많은 사람이 황폐한 미래를 예측했다.
- •• prediction 명 예측

restrict [ristríkt] 동 제한하다

- restrict freedom of speech 언론의 자유를 제한하다
- •• restriction 명 제한

chaos [kéiɑs] 명 혼돈, 무질서

- be in a state of chaos 혼돈 상태에 있다
- The city was thrown into complete chaos. 도시는 무질서 상태에 빠졌다.
- •• chaotic 형 혼돈된

evolution [èvəlúːʃən] 명 발전, 진화

- factors immanent in social evolution 사회 발전의 내적 요인
- the theory of evolution 진화론
- •• evolve 동 발전하다, 진화하다

collapse [kəlǽps] 명 붕괴 동 붕괴하다

- The bridge is collapsing. 다리가 붕괴되고 있다.

ruin [rúːin] 명 파멸, 폐허 동 파멸시키다

- precipitate one's ruin 파멸을 촉진하다
- a castle in ruins 폐허가 된 성(城)

vanish [vǽniʃ] 동 사라지다(= disappear)

- He vanished into the darkness. 그는 어둠 속으로 사라졌다.

extinction [ikstíŋkʃən] 명 멸종

- the extinction of species 종(種)의 멸종
- •• extinct 형 멸종한

survive [sərváiv] 동 살아남다, 생존하다

- Only two of the party survived. 일행 중 겨우 두 사람이 살아남았다.
- •• survival 명 생존

existence [igzístəns] 몡 존재, 생존

- It is still in existence. 그것은 지금도 존재하고 있다.
- ●● exist 동 존재하다

eternal [itə́:rnəl] 톙 영원한

- an eternal truth 영구불변의 진리
- ●● eternity 몡 영원

reform [rifɔ́:rm] 동 개혁하다 몡 개혁

- reform the obsolete system 낡은 제도를 개혁하다
- take the lead in education reform 교육 개혁에 앞장서다

release [rilí:s] 동 해방하다(= set free), 공표하다 몡 해방, 공개

- be released from prison 교도소에서 석방되다
- release a new film 영화를 개봉하다

circulate [sə́:rkjəlèit] 동 순환하다, 유통하다, 배포하다

- circulate periodically 주기적으로 순환하다
- circulate a false rumor 소문을 퍼뜨리다
- ●● circulation 몡 순환, 유통

current [kə́:rənt] 몡 흐름, 조류 톙 지금의, 현재의

- the drift of a current 조류의 방향
- the then current opinion 당시의 여론

tend [tend] 동 ~의 경향이 있다, ~ 하기 쉽다, 돌보다

- Prices tend downward. 가격이 하락되는 경향이 있다.
- In summer fruits tend to decay. 여름에는 과일이 상하기 쉽다.

tendency [téndənsi] 몡 경향, 추세

- the cityward tendency of the population 인구의 도시 집중경향
- a general tendency 일반적 추세

16th day*

phase [feiz] 몡 국면, 단계, 측면

- enter on a new phase 새로운 국면에 접어들다
- That is a phase all boys go through. 그것은 모든 소년들이 거치는 단계이다.
- a phase of social life 사회생활의 한 단면
- •• phasic 혱 국면의, 형세의

issue [íʃuː] 몡 발행(물), 쟁점

- issue bank notes 지폐를 발행하다
- Let's talk about the issue. 그 문제에 관해 얘기합시다.
- •• issuance 몡 발행, 배급

medium [míːdiəm] 몡 중간, 매체 〈복수〉 media

- She has a medium height. 그녀는 중간키이다.
- The air is a medium for sound. 공기는 소리의 매체이다.
- •• medial 혱 중간의

broadcast [brɔ́ːdkæst] 툉 방송하다

- The broadcast was carried on a national network.
  전국에 중계 방송되었다.
- •• broadcaster 몡 방송인, 방송 장치

significance [signífikəns] 몡 중요성, 의미

- a matter of little significance 별로 중요성이 없는 문제
- have a political significance 정치적인 의미를 갖다
- •• significant 혱 중요한, 의미 있는

main [mein] 혱 주요한

- The main crop of this country is rice.
  이 나라의 주요 농작물은 쌀이다.
- •• mainly 뷔 주로, 대개는

core [kɔːr] 명 핵심, 골자

□ Get straight to the core of the problem. 곧장 문제의 핵심으로 들어가라.

imply [implái] 통 의미하다, 암시하다

□ Silence often implies consent. 침묵은 종종 동의를 의미한다.
•• implication 명 함축, 언외의 뜻

definition [dèfəníʃən] 명 정의

■ a term that evades definition 정의하기 곤란한 술어
•• define 명 정의하다

trivial [tríviəl] 형 하찮은, 대단하지 않은

□ I'm not concerned with such trivial matters.
나는 그런 하찮은 문제에는 관심이 없다.

prevail [privéil] 통 보편화되다, 유행하다, 이기다

□ The idea still prevails. 그 생각은 아직도 보편화되어 있다.
□ Such ideas prevail these days. 그런 생각들이 우세하다.
•• prevailing 형 널리 행해지는, 유력한

mutual [mjúːtʃuəl] 형 상호의, 서로간의

■ a mutual security treaty 상호 안전 보장 조약
■ for mutual advantage 서로의 이익을 위하여

ordinary [ɔ́ːrdənèri] 형 보통의(= usual)

□ He is no ordinary type. 그는 보통내기가 아니다.
□ This is no ordinary lamp. 이건 평범한 램프가 아니다.

instructive [instrʌ́ktiv] 형 교육적인, 유익한

□ The book is entertaining and instructive.
그 책은 재미도 있고 교육적이기도 하다.

logic [ládʒik] 명 논리학, 논리

□ I can't follow her logic.   나는 그녀의 논리를 따를 수 없다.
•• logical 형 논리적인

statistics [stətístiks] 명 통계수치, 통계학

■ statistics of population   인구 통계
■ social statistics   사회 통계학

economy [ikánəmi] 명 경제, 절약

□ The economy is unsteady.   경제가 불안정하다.
•• economic 형 경제(학)의
•• economize 동 절약하다

psychology [saikálədʒi] 명 심리학, 심리상태

□ He specialized in social psychology.   그는 사회 심리학을 전공했다.
•• psychological 형 심리학의, 심리학적인

organ [ɔ́ːrɡən] 명 기관

■ vital organs of the body   신체의 중요 기관
•• organism 명 유기체, 생물
•• organic 형 유기체의, 생물체의

physical [fízikəl] 형 신체의, 물질의, 물리학상의, 자연의

■ both physical and mental health   심신의 건강
□ The physical damage of the war is serious.
전쟁의 물질적 피해는 심각하다.

biology [baiálədʒi] 명 생물학

□ I studied biology at university.   나는 대학에서 생물학을 공부했다.
•• biologist 명 생물학자
•• biological 형 생물학적인

astronomy [əstránəmi] 명 천문학

□ Astronomy is difficult for us.   천문학은 우리에게 어렵다.
•• astronomical 형 천문학적인

physics [fíziks] 몡 물리학

□ Chemistry and physics correlate. 화학과 물리는 서로 관련이 있다.
●● physical 혱 물리적인

theme [θi:m] 몡 주제, 논제, 제목

■ the main theme of discussions 토론의 주제
■ digress from one's theme 논제에서 벗어나다

comment [kάment] 몡 논평, 주석 됭 주석을 달다, 논평하다

□ His criticism was fair comment. 그의 비판은 정당한 논평이었다.
■ comment on the original 원전에 주석을 달다

theory [θí:əri] 몡 이론(↔ practice 실제)

■ reconcile theory and practice 이론과 실제를 일치시키다
●● theoretical 혱 이론적인

practice [prǽktis] 몡 실제, 연습, 관습 됭 연습하다

■ the theory and practice of music 음악의 이론과 실제
■ practice in writing 작문 연습을 하다
●● practical 혱 실제적인, 실용적인(↔ impractical)

discipline [dísəplin] 몡 훈련, 수양 됭 훈련하다

□ Discipline was severely enforced. 훈련은 엄하게 실시되었다.
□ He had to be disciplined severely. 그는 혹독하게 훈련을 받아야만 했다.
■ discipline one's mind 정신 수양을 하다
●● disciplinary 혱 훈련의, 훈계의

category [kǽtəgɔ̀:ri] 몡 범주, 부류

■ place under the category 범주에 넣다
□ It belongs in the same category as A. 그것은 A와 같은 부류에 속한다.

priority [praiɔ́(:)rəti] 몡 우선순위

□ The computer is a top priority. 컴퓨터가 최우선 순위이다.
●● prior 혱 앞의, 전의 븟 보다 전에

17th day*

scope [skoup] 명 범위, 시야

Such subjects are not within the scope of this book.
그러한 주제들은 이 책의 범위 밖에 있다.
■ a mind of wide scope 시야가 넓은 사람

extent [ikstént] 명 범위, 정도(= degree)

■ the extent of one's knowledge 지식의 범위
■ the extent of the loss 손해의 정도
●● extend 동 넓히다, 뻗치다

degree [digríː] 명 정도, 학위

They deserve some degree of credit. 그들은 어느 정도 신용할 수 있다.
■ the degrees of frost 영도 이하의 온도
■ award a degree on 학위를 수여하다

proportion [prəpɔ́ːrʃən] 명 비율, 부분, 몫

The proportion of girls to boys in this class is one to five.
이 교실의 여학생과 남학생의 비율은 1대 5이다.
■ obtain a proportion of the profit 이익의 한 몫을 얻다
●● proportional 형 비례하는

density [dénsəti] 명 밀도, 농도

■ the density of population 인구 밀도
■ density scale 농도 눈금
●● dense 형 밀집한, 조밀한

distribute [distríbjuːt] 동 분배하다, 분포하다

■ distribute a profit 이익을 분배하다
■ be distributed widely throughout the world 온 세계에 널리 분포되다
●● distribution 명 분배, 분포

realm [relm] 명 영역, 분야

- the realm of science 과학의 영역
- the realm of the subconscious 잠재의식의 영역
- the realm of the nature 자연계

industry [índəstri] 명 근면, 산업, 공업

- Industry is the parent of success. 근면은 성공의 근원이다.
- globalize the auto industry 자동차 산업을 세계화하다
- •• industrious 형 근면한

vocation [voukéiʃən] 명 천직, 직업

- I have a vocation for this work. 이 일이 나의 천직이다.
- •• vocational 형 직업상의

unemployment [ʌnimplɔ́imənt] 명 실업, 실직

- Unemployment has risen again. 실업이 다시 증가했다.
- •• unemployed 형 실직한

agriculture [ǽgrikʌltʃər] 명 농업

- Agriculture is the first industry. 농업은 1차 산업이다.
- •• agricultural 형 농업의

crop [krɑp] 명 농작물, 수확물

- The storm ruined the crops. 폭풍우가 농작물을 망쳐 놓았다.
- The effort yielded but a sorry crop. 노력은 했으나 수확이 별로 없었다.

annual [ǽnjuəl] 형 해마다의

- A birthday is an annual event. 생일은 연례행사이다.

decade [dékeid] 명 10년(= ten years)

- several decades 수십 년

crude [kruːd] [형] 천연 그대로의, 거친

□ That country exports crude oil. 그 나라는 원유를 수출한다.
□ He is crude in speech. 그는 말씨가 투박하다.

artificial [àːrtəfíʃəl] [형] 인공적인, 인위적인(↔ natural)

□ She made artificial flowers from paper. 그녀는 종이로 조화를 만들었다.
■ an artificially created lake 인공적으로 만든 호수

labor [léibər] [명] 노동, 노력 [동] 일하다

□ He joined the labor union. 그는 노동조합에 가입했다.
●● laborious [형] 힘든, 어려운

endeavor [endévər] [명] 노력, 시도

□ His endeavors were in vain. 그의 노력은 허사였다.

constant [kánstənt] [형] 끊임없는, 부단한

□ She was in constant pain. 그녀는 끊임없는 통증에 시달렸다.
□ Constant efforts bore fruit at last. 부단한 노력이 드디어 결실을 보았다

technology [teknálədʒi] [명] 기술

□ Science has contributed much to modern technology.
과학은 현대 과학기술에 많은 기여를 했다.

mechanical [məkǽnikəl] [형] 기계적인, 기계(상)의

■ a mechanical movement 기계적 움직임
●● mechanism [명] 기계 장치, 기구(= system)

instrument [ínstrəmənt] [명] 도구, 기구, 기계

□ He was hit with a blunt instrument. 그는 무딘 도구로 맞았다.
■ a medical instrument 의료 기구
■ master an instrument 기계 다루는 요령을 체득하다

function [fʌ́ŋkʃən] 몡 기능 통 작용하다, 작동하다

- the social function of education 교육의 사회적 기능
- •• functional 혱 기능상의, 실용적인

utilize [júːtəlàiz] 통 이용하다

- utilize waste products of manufacture 쓰다 남은 제품을 이용하다
- •• utilization 몡 이용

access [ǽkses] 몡 접근, 사용 권리

- a man of difficult access 접근하기 어려운 사람
- •• accessible 혱 접근하기 쉬운, 사용할 수 있는

method [méθəd] 몡 방법

- This method is original with him. 이 방법은 그의 독창적인 방법이다.

adjust [ədʒʌ́st] 통 조절하다, 적응하다

- She adjusted the seat to her height. 그녀는 좌석을 자신의 키에 맞추었다.
- •• adjustment 몡 조절, 적응

sensibility [sènsəbíləti] 몡 감각, 감수성

- She has a good sensibility. 그녀는 뛰어난 감각을 가졌다.
- Art develops our sensibility. 예술은 감성을 함양한다.

emotion [imóuʃən] 몡 감정, 정서

- She is emotionally unstable. 그녀는 감정이 안정되어 있지 않다.
- be overcome with emotions 정서가 넘쳐흐르다
- •• emotional 혱 감정적인

impression [impréʃən] 몡 인상, 감명

- an unforgettable impression 잊을 수 없는 인상
- make a profound impression 깊은 감명을 주다
- •• impressive 혱 인상적인

18th day *

speculate [spékjəlèit] 동 사색하다, 추측하다

- speculate about the meaning of life 인생의 의미에 대해 깊이 사색하다
- speculate on the origin of the universe 우주의 기원에 관해서 추측하다
- •• speculation 명 사색, 추측

fantasy [fǽntəsi] 명 공상, 환상

- A talking dictionary is no longer a fantasy.
  말하는 사전은 더 이상 공상이 아니다.
- live in a fantasy world 상상의 세계에 살다
- •• fantastic 형 공상의, 별난

abstract [æbstrǽkt] 형 추상적인(↔ concrete 구체적인)

- Her works are abstract art. 그녀의 작품들은 추상 예술이다.
- an abstract idea 추상적 개념
- •• abstraction 명 추상, 추상적 개념
- •• abstractive 형 추상적인

superficial [sùːpərfíʃəl] 형 피상적인

- You take a superficial view of the matter.
  당신은 문제를 피상적으로 보고 있다.
- •• superficiality 명 피상, 천박

concrete [kánkríːt] 형 구체적인

- Her plan is very concrete. 그녀의 계획은 매우 구체적이다.
- •• concretion 명 구체화, 구체성

embody [embádi] 동 구체적으로 표현하다, 구체화하다

- Words embody thoughts. 언어는 사상을 구현한다.
- •• embodiment 명 구체화, 구체적 표현

suspect [səspékt] [동] 생각하다, 의심하다 [명] [sʌ́spekt] 용의자

□ I suspect him to be a liar. 나는 그가 거짓말쟁이가 아닌가 생각된다.
■ a suspected person 의심을 받고 있는 사람

fiction [fíkʃən] [명] 소설(= novels), 허구

□ Fact is stranger than fiction. 사실은 소설보다도 진기하다.

prose [prouz] [명] 산문(↔ verse 운문)

□ He is a writer of incomparable prose.
그는 누구와도 견줄 수 없는 산문 작가이다.

biography [baiɑ́grəfi] [명] 전기, 일대기

□ Do you prefer biography or fiction?
당신은 전기를 좋아합니까 아니면 소설을 좋아합니까?

author [ɔ́:θər] [명] 저자, 창시자

□ He's my favorite author. 그는 내가 제일 좋아하는 작가이다.
•• authority [명] 권위, 권한, 권위자

signature [sígnətʃər] [명] 서명

□ I put my signature to the document. 나는 그 문서에 서명했다.
•• sign [동] 서명하다

bestow [bistóu] [동] 수여하다(=confer)

■ bestow a prize 상품을 수여하다
■ bestow poison as a death penalty 사약을 내리다

resign [rizáin] [동] 사임하다, 체념하다

□ He ended up resigning. 결국 그는 사임했다.
■ resign oneself to one's fate 운명이라고 체념하다
•• resignation [명] 사임, 체념

undertake [ʌndərtéik] 동 맡다(= assume), 착수하다

- undertake responsibility 책임을 떠맡다
- undertake an experiment 실험에 착수하다

launch [lɔːntʃ] 동 진수시키다, 착수하다, 시작하다(= begin)

- This ship was launched yesterday. 이 배는 어제 진수했다.
- I'll launch out on my work at once. 곧 일에 착수하겠다.

enterprise [éntərpràiz] 명 사업, 기획, 진취성

- embark on an enterprise 사업을 시작하다
- a moonshiny enterprise 비현실적인 기획

invest [invést] 동 투자하다

- invest one's money into stocks 주식에 출자하다
- •• investment 명 투자

barren [bǽrən] 형 불모의, 메마른

- wrest a living from the barren ground 불모의 땅에서 살아 나가다

foundation [faundéiʃən] 명 기초

- The building has a solid foundation. 그 건물은 기초가 튼튼하다.
- •• found 동 설립하다

establish [istǽbliʃ] 동 설립하다, 확립하다

- establish a school 학교를 설립하다
- •• establishment 명 설립, 확립

constructive [kənstrʌ́ktiv] 형 건설적인

- a constructive policy 건설적인 정책
- •• construction 명 건설
- •• construct 동 건설하다(↔ destroy 파괴하다)

demand [dimǽnd] 명 요구, 수요(↔ supply 공급)

- demand higher wages 노동 임금의 인상을 요구하다
- the demands increase 수요가 증대하다

require [rikwáiər] 동 필요로 하다

- It requires further checkup. 그것은 더 검토할 필요가 있다.
- •• requirement 명 요구, 필요

yield [ji:ld] 동 산출하다, 낳다, 양보하다

- That tree yields plenty of fruit. 그 나무는 열매가 많이 열린다.
- yield to conditions 양보하여 조건에 따르다

experiment [ikspérəmənt] 명 실험 동 실험하다

- The experiment has failed. 그 실험은 실패했다.
- •• experimental 형 실험의, 실험적인

perform [pərfɔ́:rm] 동 수행하다, 연주하다, 공연하다

- perform one's duty 임무를 수행하다
- perform sacred music 종교 음악을 연주하다
- •• performance 명 수행, 성과, 연주, 공연

contribute [kəntríbju:t] 동 공헌하다, 기여하다, 기부하다

- contribute to public welfare 사회에 공헌하다
- •• contribution 명 공헌, 기여

estimate [éstəmèit] 동 어림잡다, 평가하다 명 [éstəmit] 견적, 추산

- make a rough estimate of expenses 대충 비용을 어림잡아보다
- You estimate his intellect too highly. 당신은 그의 지력을 과대평가하고 있다.

aisle [ail] 명 통로, 복도

- Use the next aisle, please. 다음 통로를 이용하세요.

19th day*

skyscraper [skáiskrèipər] 명 마천루, 초고층 빌딩

□ The skyscraper stood against a background of blue sky.
그 마천루는 푸른 하늘을 배경으로 서 있었다.
■ the cityscape of skyscrapers 초고층 건물의 도시 풍경

traffic [trǽfik] 명 교통 형 교통의

□ The traffic is very heavy. 교통이 매우 혼잡하다.
□ He violated the traffic regulations. 그는 교통 규칙을 위반했다.

commerce [káməːrs] 명 상업, 교역

■ be engaged in commerce 상업에 종사하다
□ International commerce is increasing. 국제 무역이 증가하고 있다.
●● commercial 형 상업적인

transport [trænspóːrt] 동 운송하다 명 운송

■ transport coal by truck 석탄을 트럭으로 나르다
■ the transport of mail by air 우편물의 항공 수송
●● transportation 명 운송

contact [kántækt] 명 접촉 동 접촉하다, 연락하다

□ The virus is transmitted via physical contact.
그 바이러스는 신체적 접촉으로 감염된다.
■ contact the authorities concerned 관계 당국과 접촉하다
■ be in radio contact 무선으로 연락을 취하고 있다

imperative [impérətiv] 형 명령적인, 긴급한, 피할 수 없는

■ an imperative tone of voice 명령하는 듯한 말투
■ an imperative duty 피할 수 없는 의무
●● imperatival 형 명령법의

swift [swift] 형 빠른, 신속한

□ He has swift feet. 그는 걸음이 날래다.
■ a swif decision 신속한 결단

convenience [kənvíːnjəns] 명 편리, 편의

■ contribute to the convenience of the public 공공의 편의를 도모하다
•• convenient 형 편리한

purchase [pə́ːrtʃəs] 명 구매, 구입물 동 구입하다

□ That hat was a good purchase. 그 모자는 정말 잘 샀다.
□ He purchased a new coat. 그는 새 코트를 샀다.

commodity [kəmɑ́dəti] 명 상품, 필수품, 일용품

■ quote a commodity at five dollars 상품 가격을 5달러로 견적하다
■ the interchange of commodities 일용품 교환

substance [sʌ́bstəns] 명 물질, 실질내용

■ abstract spirit from a substance 물질에서 요소를 추출하다
■ a book poor in substance 내용이 빈약한 책
•• substantial 형 실질적인, 상당한

convert [kənvə́ːrt] 동 바꾸다, 전환하다

■ convert goods into money 물품을 현금으로 바꾸다
■ convert to Christianity 기독교로 개종시키다
•• conversion 명 전환, 개조

dispose [dispóuz] 동 처리하다, 처분하다

■ dispose of matters in due orders 일을 차례차례 처리하다
■ dispose of blown canned goods 상한 통조림 식품을 폐기하다
•• disposal 명 처리

cancel [kǽnsəl] 동 취소하다

□ They canceled the plan. 그들은 그 계획을 취소했다.

vacancy [véikənsi] 몡 빈자리, 결원

- fill up a vacancy   공석을 메우다
- His resignation made a vacancy.   그의 사임으로 결원이 생겼다.

relax [rilǽks] 통 쉬다, 완화하다

- When I go home, I just want to relax.   집에 가면 그냥 쉬고만 싶다.
- Before you begin, try to relax.   시작하기 전에 긴장을 푸십시오.
- ● relaxation 몡 이완, 완화

recreation [rèkriéiʃən] 몡 기분 전환, 오락

- What do you do for recreation?   기분전환을 위해 무엇을 하세요?
- a facility for recreation   오락 시설
- ● recreational 혱 오락의, 휴양의

pastime [pǽstàim] 몡 심심풀이, 오락

- play cards as a pastime   심심풀이로 카드놀이를 하다

routine [ru:tí:n] 몡 일상의 일 혱 일상적인

- She wants to escape from the same routine.
  그녀는 똑같은 일상에서 벗어나고 싶다.
- ● routinely 붱 일상적으로

conscious [kánʃəs] 혱 의식하고 있는

- I'm conscious of my want of ability.
  내 자신의 능력 부족을 자각하고 있다.
- ● consciousness 몡 의식

aloof [əlú:f] 혱 무관심한, 초연한

- keep aloof from the crowd   초연히 대중과 섞이지 않다

solitude [sálitʃù:d] 몡 고독

- A great city, a great solitude.   큰 도시일수록 고독도 크다.
- ● solitary 혱 고독한

lonely [lóunli] 형 고독한, 쓸쓸한(= lonesome)

□ She led a lonely life. 그녀는 평생을 고독하게 보냈다.
■ a lonely street 쓸쓸한 거리

isolate [áisəlèit] 동 고립시키다

■ isolate oneself from all society 사회와 모든 교제를 끊다
•• isolation 명 고립, 격리

panic [pǽnik] 명 공황, 당황

■ get into a panic 공황 상태에 빠지다
□ Don't panic. 당황하지 마라.

soothe [suːð] 동 달래다, 진정시키다

□ She soothed her crying baby. 그녀는 자신의 우는 아기를 달랬다.

mature [mətʃúər] 형 성숙한, 숙성한(↔ immature 미성숙한)

■ a mature appearance 성숙한 모습
■ mature wine 숙성된 포도주
•• routinely 부 일상적으로

meditate [médətèit] 동 명상하다, 묵상하다

□ I meditate for an hour each morning. 나는 매일 아침 한 시간씩 명상을 한다.
•• meditation 명 명상, 묵상

oblivion [əblíviən] 명 망각

■ be buried in oblivion 세상에서 잊혀져가다
•• oblivious 형 잘 잊어버리는

display [displéi] 동 진열하다 명 진열

□ The flowers are on display. 꽃들이 전시되고 있다.
□ The men are setting up a display. 남자들이 진열을 하고 있다.

20th day*

landscape [lǽnĭskèip] 몡 풍경, 경치

□ She took a picture of the beautiful landscape.
  그녀는 그 아름다운 풍경을 사진에 담았다.
■ a fairy – tale landscape 믿을 수 없을 정도로 아름다운 경치

outlook [áutlùk] 몡 전망, 견해, 시야

□ The room has a pleasant outlook. 그 방은 전망이 좋다.
□ The economic outlook is bright. 경제의 전망은 밝다.
■ an outlook on life 인생관
■ a man of broad outlook 시야가 넓은 사람

focus [fóukəs] 몡 초점, 중심 동 집중하다

■ adjust the focus 초점을 맞추다
■ out of focus 중심을 벗어난
□ I can't keep focused on my work. 나는 일에 집중할 수가 없다.

visible [vízəbəl] 혱 보이는(↔ invisible 안 보이는)

■ a visible change 눈에 보이는 변화
■ visible resources 물적자원
•• visibility 몡 눈에 보임, 시야

conspicuous [kənspíkjuəs] 혱 눈에 띄는(↔ inconspicuous 눈에 안 띄는)

■ cut a conspicuous figure 단연 두각을 나타내다
■ put up a notice in a conspicuous place 눈에 잘 띄는 곳에 게시하다

gaze [ɡeiz] 동 응시하다, 지켜보다

□ He was gazing into the distance. 그는 먼 곳을 응시하고 있었다.
□ She gazed at the sunset. 그녀는 일몰을 지켜보았다.

inspect [inspékt] 동 검사하다, 점검하다

- Customs officers inspected our baggage.
  세관 직원은 우리 짐을 면밀히 검사했다.
- He is inspecting the establishment. 그는 시설을 점검하고 있었다.
- •• inspection 명 검사, 점검

survey [səːrvéi] 동 바라보다, 조사하다, 개관하다 명 [sə́ːrvei] 조사, 개관

- survey those present 좌중을 둘러보다
- He surveyed me from head to foot. 그는 머리부터 발끝까지 나를 조사했다.

investigate [invéstəgèit] 동 조사하다

- investigate the cause 원인을 조사하다
- •• investigation 명 조사

damage [dǽmidʒ] 명 손해, 손상

- He won his suit for damage. 그는 손해 배상 소송에서 이겼다.
- Our car was badly damaged. 차체가 크게 파손되었다.

gradual [grǽdʒuəl] 형 점진적인, 점차적인

- gradual improvement in health 건강의 점진적인 회복
- •• gradually 부 차츰, 서서히

environment [inváiərənmənt] 명 환경

- We must preserve the environment. 우리는 환경을 보존해야만 한다.
- •• environmental 형 환경의

pollution [pəlúːʃən] 명 오염

- Air pollution is a menace to health. 대기 오염은 건강에 위험하다.
- •• pollute 동 오염시키다

infect [infékt] 동 감염시키다

- The parasite has infected people world wide.
  이 기생충은 전세계에 걸쳐 사람들을 감염시켰다.
- •• infection 명 감염

contagion [kəntéidʒən] 몡 접촉전염

□ Cholera spreads by contagion. 콜레라는 접촉전염으로 퍼진다.
●● contagious 혱 전염성의

plague [pleig] 몡 전염병 뙹 괴롭히다

□ The plague is prevalent. 역병이 유행하고 있다.
□ He was plagued with questions. 그는 질문공세에 시달렸다.
●● plaguesome 혱 귀찮은, 성가신

epidemic [èpədémik] 몡 유행병 혱 유행성의

□ The epidemic swept the town. 유행병이 한 마을을 쓸었다.
■ a flu epidemic 유행성 독감

germ [dʒəːrm] 몡 세균

□ Germs are invisible to the naked eye. 세균은 육안으로 볼 수 없다.
●● germinant 혱 시초의, 발단의

symptom [sím(p)təm] 몡 징후, 증상

□ It is a symptom of cold. 그것은 감기의 징후이다.
●● symptomatic 혱 징후가 있는

heal [hi:l] 뙹 낫다, 고치다

□ She was healed of her sickness. 그녀는 병이 나았다.
□ Time heals all sorrows. 시간은 모든 슬픔을 치료한다.

incurable [inkjúərəbəl] 혱 고칠 수 없는, 불치의(↔ curable 치료할 수 있는)

■ be pronounced incurable 불치의 병임을 선고받다
■ a home of incurables 난치 환자 수용소

remedy [rémədi] 몡 구제책, 치료법

■ have no remedy at law 법적으로는 구제 방법이 없다
■ a popular remedy 민간 치료

cure [kjuər] 동 치료하다 명 치료, 치료제

□ Aspirin will cure your pain. 아스피린이 네 고통을 치료해줄 것이다.
□ Prevention is better than cure. 치료보다 예방이다.

prescribe [priskráib] 동 처방하다, 규정하다

■ prescribe medicine 약을 처방하다
□ Do what the law prescribes. 법이 정하는 바를 하여라.
●● prescription 명 규정, 처방(전)

dose [dous] 명 복용량(= dosage)

■ the maximum dose 최대 복용량
■ a dose of medicine 약 1회분

muscle [mʌ́səl] 명 근육

□ Exercise toughened her muscles. 그녀는 운동을 해서 근육이 단단해졌다.
●● muscular 형 근육의, 강건한

fatigue [fətíːg] 명 피로

□ He was suffering from fatigue. 그는 피로에 지쳐 있었다.
●● fatigued 형 피로한

moist [mɔist] 형 습한, 축축한

■ a moist atmosphere 축축한 공기
●● moisture 명 습기

drought [draut] 명 가뭄

□ Plants droop from drought. 식물이 가뭄으로 시든다.

durable [djúərəbəl] 형 오래 견디는, 내구력이 있는 명 내구재

□ I like whatever is durable. 나는 무엇이든 오래 견디는 것을 좋아한다.
●● durability 명 내구력

21st day*

starve [stɑːrv] [동] 굶주리다, 굶어죽다

□ The motherless children starve for affection.
어머니가 없는 아이들은 정에 굶주려 있다.
□ I'm just starving. 나는 정말 배고파 죽을 지경이다.
●● starvation [명] 기아, 아사(餓死)

disaster [dizǽstər] [명] 재해, 참사

□ A nuclear war would be a disaster.
핵전쟁은 대참사가 될 것이다.
●● disastrous [형] 비참한

compensate [kάmpənsèit] [동] 보상하다, 보충하다

■ compensate for the book one has lost 잃어버린 책값을 물어주다
●● compensation [명] 보상, 보충

alternative [ɔːltə́ːrnətiv] [명] 대안, 양자택일

□ I'm afraid we have no alternative. 달리 대안이 없는 것 같다.
□ We have the alternative of leaving or staying.
떠나느냐 머무느냐 둘 중 하나다.
●● alter [동] 변경하다
●● alternate [형] 교대로 하는

substitute [sʌ́bstitjùːt] [동] 대체하다

□ They substituted coal for oil. 그들은 석유 대신에 석탄을 사용했다.
●● substitution [명] 대체, 대용

select [silékt] [동] 고르다 [형] 선발한

■ select the best out of many books 많은 책 중에서 가장 좋은 것을 고르다
●● selection [명] 선택

hesitate [hézətèit] 동 주저하다, 망설이다

□ He hesitated to make a decision. 그는 결단을 내리기를 주저했다.
●● hesitant 형 주저하는

tremble [trémbəl] 동 떨다

□ She trembled at the sound. 그녀는 그 소리에 몸을 떨었다.
□ The building trembled suddenly. 건물이 갑자기 흔들렸다.

apply [əplái] 동 적용하다, 지원하다, 전념하다

■ apply a law retroactive to 법률을 소급해서 적용하다
■ apply to a school for admission 입학을 지원하다
●● application 명 적용, 지원 ●● applicant 명 지원자

involve [inválv] 동 수반하다, 연루시키다

□ Mountain climbing involves great risks. 등산에는 큰 위험이 따른다.
●● involvement 명 관여, 참여

participate [pɑːrtísəpèit] 동 참가하다

□ She participated in the discussion. 그녀는 그 토론에 참가했다.
●● participation 명 참가

cooperate [kouápərèit] 동 협력하다

□ They cooperated in the work. 그들은 그 일에서 협력했다.
●● cooperation 명 협력, 협조

exclude [iksklúːd] 동 제외하다, 배제하다

□ They excluded her from the meeting. 그들은 그녀를 모임에서 제외했다.
●● exclusive 형 배타적인, 독점적인

include [inklúːd] 동 포함하다(↔ exclude 제외하다)

□ The list includes my name. 명단에 내 이름도 포함되어 있다.
●● inclusion 명 포함

indispensable [ìndispénsəbəl] 형 필수 불가결한

□ Health is indispensable to everyone. 건강은 누구에게나 절대 필요하다.

essential [isénʃəl] 형 필수적인(= indispensable)

□ Water is essential to life. 물은 생명에 필수적이다.
•• essence 명 본질, 진수

fate [feit] 명 운, 운명

□ Nobody foretells his fate. 아무도 자기 운명을 예언하지 못한다.
•• fatal 형 치명적인

doom [du:m] 명 운명, 숙명 동 운명 짓다

□ Her doom was inevitable. 그녀의 운명은 피할 수 없었다.
■ be doomed to ~할 운명이다

destiny [déstəni] 명 운명, 숙명

□ Destiny appointed it so. 그렇게 될 운명이었다.
•• destine 동 운명짓다

frustration [frʌstréiʃən] 명 좌절, 실망

■ frustrate plan 계획을 좌절시키다
•• frustrate 동 좌절시키다

client [kláiənt] 명 의뢰인, 고객

□ He is going to meet with an important client.
그는 중요한 의뢰인과 만날 예정이다.
□ He is with a client right now. 그는 지금 고객과 함께 있다.

peer [piər] 명 동료, 동등

□ I have many peers to help me.
나는 나를 도와줄 동료가 많다.
■ be without a peer 비할 데가 없다

individual [ìndəvídʒuəl] 명 개인 형 개인의, 개개의

- A community is composed of individuals.
  사회는 개인의 집합체로 되어 있다
- •• individualism 명 개인주의

assimilate [əsíməlèit] 동 동화하다, 소화하다(= digest)

- assimilate Western civilization 서양 문명을 흡수하다
- The food will assimilate soon. 그 음식은 곧 소화될 것이다.

familiar [fəmíljər] 형 친한, 잘 알고 있는

- He has few familiar friends. 그는 친한 친구가 적다.
- The name sounds familiar to me. 그 이름은 내게 친숙하게 들린다.
- •• familiarize 동 익숙하게 하다

anniversary [ænəvə́ːrsəri] 명 기념일

- Yesterday was our wedding anniversary. 어제가 우리 결혼기념일이었다.

congratulate [kəngrǽtʃəlèit] 동 축하하다

- I congratulate you on your success. 성공을 축하합니다.
- •• congratulation 명 축하

entertain [èntərtéin] 동 즐겁게 하다(= amuse), 대접하다

- The play entertained me very much. 그 연극은 나를 매우 즐겁게 했다.
- He did his utmost to entertain us. 그는 우리를 정성껏 대접했다.
- •• entertainment 명 대접, 오락

appetite [ǽpitàit] 명 식욕, 욕구

- have a good appetite 식욕이 왕성하다
- an appetite for pleasure 쾌락의 욕구

phenomenon [finámənàn] 형 현상 〈복수〉 phenomena

- Gravity is a natural phenomenon. 중력은 자연 현상이다.

CROSS WORD PUZZLE
가로세로 낱말 맞추기

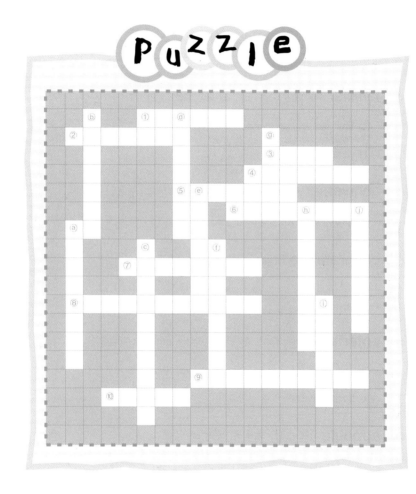

ACROSS(가로 열쇠)

① This (　　) is original with him. 이 방법은 그의 독창적인 방법이다.

② The end doesn't always (　　) the means.
목적이 항상 수단을 정당화하지는 않는다.

③ The war made our lives a (　　). 전쟁은 우리 생활을 지옥으로 만들었다.

④ He has a great (　　) for writing. 그는 작문에 대단한 재능이 있다.

⑤ This matter demands great (　　). 이 일은 세심한 주의를 요한다.

⑥ She (　　) that the book was hers.
그녀는 그 책이 자기 것이라고 주장했다.

⑦ The population is projected to (　　). 인구가 감소할 것으로 예상된다.

⑧ The book is entertaining and (　　).
그 책은 재미도 있고 교육적이기도 하다.

⑨ What do you do for (　　)? 기분전환을 위해 무엇을 하세요?

⑩ He was brought up in a (　　) family. 그는 엄격한 가정에서 자랐다.

DOWN(세로 열쇠)

ⓐ It (　　) further checkup. 그것은 더 검토할 필요가 있다.

ⓑ Exercise toughened her (　　). 그녀는 운동을 해서 근육이 단단해졌다.

ⓒ They (　　) him for cowardice. 그들은 그가 비겁하다고 비난했다.

ⓓ He is a (　　) honor student. 그는 우등생의 표본이다.

ⓔ He studies (　　) civilization. 그는 고대 문명을 연구한다.

ⓕ The work required infinite (　　). 그 일은 무한한 인내가 필요했다.

ⓖ The city was thrown into complete (　　). 도시는 무질서 상태에 빠졌다.

ⓗ Light is a (　　) to growth in plants. 빛은 식물의 성장에 자극제가 된다.

ⓘ Please fill it out and (　　). 기입한 후 제출해주시기 바랍니다.

ⓙ He abandoned himself to (　　). 그는 절망으로 인해 체념했다.

정답

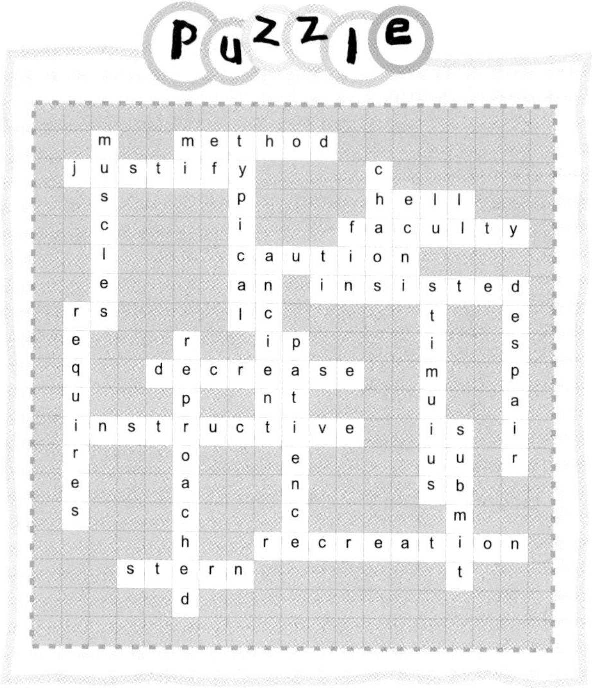

◎ ACROSS ◎

① method ② justify ③ hell ④ faculty
⑤ caution ⑥ insisted ⑦ decrease
⑧ instructive ⑨ recreation ⑩ stern

◎ DOWN ◎

ⓐ requires ⓑ muscles ⓒ reproached
ⓓ typical ⓔ ancient ⓕ patience ⓖ chaos
ⓗ stimulus ⓘ submit ⓙ despair

고득점을 위한

Ⅱ 핵심필수단어

수능
Power
영단어

22nd day*

remark [rimá:rk] 동 말하다, 주목하다 명 말

□ Please confine your remarks to the fact.
  그 사실에만 국한해서 발언해 주세요.
■ a remarkable discovery 주목할 만한 발견
•• remarkable 형 주목할 만한

narrate [nǽreit] 동 이야기하다, 진술하다

□ He narrated this tale with great effort.
  그는 아주 힘들게 이 이야기를 서술했다.
•• narration 명 이야기하기, 서술

detail [dí:teil] 명 상세, 세부사항 동 상술하다

□ Please tell me all the details of the event.
  내게 그 사건을 상세하게 말해주세요.
■ explain in detail 일일이 설명하다
•• detailed 형 상세한, 자세한

portray [pɔ:rtréi] 동 묘사하다, 그리다

□ In British history he is usually portrayed as a great scientist.
  영국 역사에서 그는 대개 위대한 과학자로 묘사된다.
•• portrayal 명 묘사

depict [dipíkt] 동 묘사하다, 서술하다(= describe)

■ depict him as a hero 그를 영웅으로 묘사하다
■ a novel depicting rural life 전원생활을 묘사한 소설
•• depiction 명 묘사, 서술

inform [infɔ́:rm] 동 알리다

■ inform the police 경찰에 알리다
•• information 명 정보, 지식

bid [bid] 통 명령하다, 말하다

□ Do as I bid you. 시키는 대로 해라.
□ Bid him depart. 그에게 떠나라고 말해라.

ordain [ɔːrdéin] 통 정하다, 명령하다

■ be ordained a priest 신부가 되다
■ ordain a person priest ~을 성직에 임명하다

verbal [vɔ́ːrbəl] 형 말의, 말로 나타낸

□ I made a verbal contract with him. 나는 그와 구두 계약을 맺었다.
■ a verbal message 말로 전하는 소식

observe [əbzɔ́ːrv] 통 (의견을) 말하다, 지키다, 거행하다

□ Observe quiet. 조용히 해라.
■ observe the rules of etiquette 예의를 지키다

preach [priːtʃ] 통 설교하다, 주창하다

■ preach with great fervor 신이 나서 설교하다
□ Always practice what you preach. 당신이 주장하는 바를 언제나 실행하라.

sermon [sɔ́ːrmən] 명 설교, 잔소리

■ an impressive sermon 감명적인 설교
■ get a sermon on ~에 관한 일로 잔소리를 듣다

mention [ménʃən] 통 언급하다 명 언급

■ mention name 이름을 언급하다
□ Don't mention it. 천만에요.

refer [rifɔ́ːr] 통 언급하다, 참조하다

□ Don't refer to the matter again. 다시는 그 문제를 거론하지 마라.
•• reference 명 언급, 참조

conceive [kənsíːv] [동] 착상하다(= think up), 상상하다, 생각하다

■ conceive an idea 구상이 떠오르다
□ I conceive it to be true. 나는 그것이 사실이라고 생각한다.
●● conceivable [형] 생각할 수 있는

occur [əkə́ːr] [동] 생각이 떠오르다, 일어나다

□ A good idea occurred to me. 좋은 생각이 떠올랐다.
□ Fires occur frequently in winter. 화재는 겨울에 빈번히 발생한다.

design [dizáin] [명] 디자인, 계획 [동] 계획하다, 고안하다

■ design for advertisement 광고 도안
■ open one's designs 계획을 누설하다

project [prádʒekt] [명] 사업, 계획(= plan), [동] [prədʒékt] 계획하다

□ I funded the project. 그 사업에 돈을 투자했다.
□ The project is quite hopeless. 그 계획은 전혀 가망이 없다.

devise [diváiz] [동] 고안하다, 생각해내다(= think up)

■ devise a method 방법을 궁리하다

device [diváis] [명] 장치, 고안물

□ A keyboard is one of the input devices.
키보드는 입력 장치 중의 하나이다.
●● devise [동] 고안하다

contrive [kəntráiv] [동] 고안하다(= devise), 연구하다

■ contrive a stratagem 책략을 꾸미다
●● contrivance [명] 고안물, 장치

exploit [éksplɔit] [동] 개발하다, 이용하다 [명] 공훈, 위업

■ exploit mineral resources 광물 자원을 개발하다
■ achieve a glorious exploit 혁혁한 공적을 세우다
●● exploitation [명] 개발

discover [diskʌ́vər] [동] 발견하다(= detect)

■ discover gold deposits 금광을 발견하다
●● discovery [명] 발견

actual [ǽktʃuəl] [형] 실재하는(= real), 현실의(↔ ideal 이상의)

□ He doesn't know your actual state. 그는 너의 실제 상황을 모른다.
●● actually [부] 실제로

perceive [pərsíːv] [동] 지각하다, 인지하다

■ perceive a faint sound 희미한 소리를 감지하다
■ perceive intuitively 직감으로 알다
●● perception [명] 지각, 인지

aware [əwɛ́ər] [형] 알고 있는

□ I was fully aware of the fact. 나는 그 일을 충분히 알고 있었다.

realize [ríːəlàiz] [동] 깨닫다, 인식하다, 실현하다

□ She realized her own danger. 그녀는 자신에게 닥친 위험을 깨달았다.
□ At last he realized his own hope. 마침내 그는 자기 희망을 실현시켰다.
●● realization [명] 인식, 실현

apprehend [æ̀prihénd] [동] 이해하다, 체포하다

■ apprehend danger 위험을 깨닫다
●● apprehension [명] 체포, 염려

digest [didʒést] [동] 소화하다, 이해하다, 요약하다

■ digest the learning 학문을 소화하다
●● digestion [명] 소화, 이해

summary [sʌ́məri] [명] 요약

■ summary reports 개략적인 보고
●● summarize [동] 요약하다

23rd day*

condense [kəndéns] 동 농축하다, 압축하다

- condense a gas to a liquid   기체를 액체로 응축하다
- condense a sentence   문장을 줄이다
- •• condensation 명 응축, 요약

creed [kriːd] 명 신조, 신념

- □ That is an article of my creed.   그것은 내 신조 중의 하나이다.
- keep one's creed   신조를 지키다
- one's political creed   정치적 신념

bond [bɑnd] 명 속박, 결속

- □ I struggled to free myself from my bonds.
  결박에서 벗어나려고 몸부림쳤다.
- be fettered by the bonds of obligation
  의리에 묶이다
- the bonds of destiny   운명의 사슬
- •• bondage 명 속박, 노예 신분

acquaint [əkwéint] 동 알리다, 알게 하다

- □ Acquaint your friend with what you have done.
  당신 친구에게 당신이 한 일을 알려라.
- □ I'm acquainted with him.   나는 그와 안면이 있다.
- □ How did you become acquainted with him?
  그와는 어떻게 알게 되었습니까?
- •• acquaintance 명 아는 사람

induce [indjúːs] 동 ~ 하게 하다(= persuade), 유발하다(= cause)

- induce to be one's partner in evil doing.   나쁜 일에 끌어들이다
- □ This medicine will induce sleep.   이 약은 잠을 오게 한다.
- •• inducement 명 유인, 자극

ponder [pándər] 동 숙고하다, 곰곰이 생각하다(= think over)

- ponder upon that problem   그 문제에 대해 숙고하다
- •• ponderous 형 대단히 무거운, 다루기 힘든

reflect [riflékt] 동 반사하다, 반영하다, 숙고하다

□ A mirror reflects light. 거울은 빛을 반사한다.
■ reflect on one's virtues and faults 자기의 장단점을 곰곰이 생각하다
●● reflection 명 반사, 반영, 숙고

predominant [pridámənənt] 형 뛰어난, 우세한

■ a predominant trait 눈에 띄는 특징

advocate [ǽdvəkit] 동 주창하다, 옹호하다 명 주창자

□ Gandhi was an advocate of nonviolence.
간디는 비폭력의 주창자였다.
●● advocacy 명 주장, 옹호

interpret [intə́ːrprit] 동 통역하다, 해석하다

□ It can be interpreted in various ways. 그것은 여러 가지로 해석할 수 있다.
●● interpretation 명 통역, 해석

decisive [disáisiv] 형 결정적인, 과단성 있는(= resolute)

■ reach a decisive stage 결정적인 단계에 들어가다
■ take decisive steps 단호한 조처를 취하다

drastic [drǽstik] 형 과감한, 철저한

■ adopt drastic measures 과감한 수단을 쓰다
■ a drastic measure 철저한 대책

determine [ditə́ːrmin] 동 결정하다, 결심하다

■ determine which is right 어느 쪽이 옳은지를 결정하다
●● determined 형 결심한, 단호한

intent [intént] 형 열중한, 결심한 명 의지

□ He is intent on his task. 그는 일에 여념이 없다.
●● intend 동 ~할 작정이다
●● intention 명 의지, 의도

decide [disáid] 동 결정하다, 결심하다

■ decide to play safe 신중히 하기로 결정하다
●● decision 명 결정, 결심

conclude [kənklúːd] 동 결론짓다, 결정하다

■ conclude one's work 일을 매듭짓다
●● conclusion 명 결론

settle [sétl] 동 정착하다, 해결하다

□ I'll settle down in this town. 이 마을에서 정착하려고 한다.
■ settle a complicated problem 뒤엉킨 문제를 해결하다

solution [səljúːʃən] 명 해결, 해답

■ a very sensible solution 상식적인 해결 방법
●● solve 동 해결하다

transact [trænsǽkt] 동 처리하다(= manage), 거래하다

■ transact business with dispatch 사무를 신속히 처리하다
■ handle transact at official quotation 공정 시세로 거래하다
●● transaction 명 거래, 처리

conduct [kándʌkt] 명 행위, 행실 동 [kəndʌ́kt] 지휘하다, 처리하다

■ a conduct unbecoming to a gentleman 비신사적 행위
■ conduct an orchestra 오케스트라를 지휘하다

execute [éksikjùːt] 동 실행하다(= carry out), 처형하다

■ execute a policy 정책을 실행하다
■ execute a criminal 사형을 집행하다
●● execution 명 실행, 처형

initiate [iníʃièit] 동 시작하다(= start)

■ initiate a new business 새 사업을 시작하다
●● initiation 명 개시, 창시

departure [dipá:rtʃər] 몡 출발(↔ arrival 도착)

□ That was the cue for our departure. 그것은 우리의 출발 신호였다.
●● depart 동 출발하다

embark [embá:rk] 동 승선하다(↔ disembark 내리다), 시작하다

■ embark for France by steamer 기선으로 프랑스를 향해 떠나다
●● embarkation 몡 승선

resume [rizú:m] 동 재개하다, 다시 시작하다(= go on with)

■ resume nuclear testing 핵 실험을 재개하다
●● resumption 몡 재개

dedicate [dédikèit] 동 전념하다

■ dedicate one's time to business 사업에 전념하다
●● dedication 몡 전념, 헌신

preoccupy [pri:ákjəpài] 동 몰두하게 하다

□ He is totally preoccupied with his study. 그는 공부에만 몰두해 있다.
●● preoccupied 혱 몰두하는

motivate [móutəvèit] 동 동기를 주다, 유발하다

□ What motivates one? 무엇이 동기를 주었을까?
●● motivation 몡 동기부여, 자극
●● motive 몡 동기 동 동기가 되다

affect [əfékt] 동 영향을 주다

■ affect one's future 장래에 영향을 주다

kindle [kíndl] 동 불을 붙이다, 일으키다(= arouse), 자극하다

■ kindle a torch 횃불을 켜다
□ The policy kindled them to revolt. 그 정책은 폭동을 유발했다.

24th day*

stir [stəːr] [동] 휘젓다, 자극하다

□ A light breeze stirred the leaves. 산들바람이 나뭇잎을 움직였다.
■ stir up the morale 사기를 진작하다
●● stirrer [명] 활동가, 선동가

animate [ǽnəmèit] [동] 활기를 띠게 하다, 고무하다

□ Animated by fresh hope, he started again.
새로운 희망으로 힘을 얻은 그는 다시 출발했다.
●● animation [명] 활기, 생기, 만화영화

refresh [rifréʃ] [동] 상쾌하게 하다, 새롭게 하다

□ After a sound sleep, I feel refreshed. 푹 잤더니 몸이 개운하다.
□ The shower refreshed the plants. 소나기가 내려 식물들이 생기가 넘쳤다.
●● refreshing [형] 상쾌한

encourage [enkə́ːridʒ] [동] 격려하다, 고무하다(↔ discourage)

■ encourage learning 학문을 장려하다
■ encourage hope 희망을 갖게 하다
●● encouragement [명] 고무, 격려

inspiration [ìnspəréiʃən] [명] 영감, 고취

■ get inspiration from a novel 소설로부터 영감을 받다
□ He was an inspiration to his students. 그는 학생들에게 격려가 되었다.
●● inspire [동] 고취하다, 고무하다

derive [diráiv] [동] 끌어내다, 얻다(= obtain), 유래하다

■ derive a conclusion 결론을 이끌어내다
□ I derived a lot of profit from the business.
나는 그 일에서 많은 이익을 얻었다.
●● derivation [명] 도출, 파생

spur [spəːr] 동 박차를 가하다, 자극하다 명 박차, 자극

- spur a horse 말에 박차를 가하다

dynamic [dainǽmik] 형 활동적인, 동적인

- Language is a dynamic living thing. 언어는 동적이며 살아있는 것이다.

active [ǽktiv] 형 적극적인, 능동적인, 활동적인

- active support 적극적인 지원
- He is active and energetic. 그는 활동가이며 정력가이다.
- •• activity 명 활동

passive [pǽsiv] 형 소극적인, 수동적인

- passive resistance 소극적인 저항
- He is too passive in everything. 그는 모든 일에 너무 수동적이다.
- •• passivity 명 수동성

spontaneous [spɑntéiniəs] 형 자발적인(= voluntary), 자연발생적인

- a spontaneous thought 자연적으로 우러나는 생각
- •• spontaneity 명 자연스러움

voluntary [vɑ́ləntèri] 형 자발적인(↔ involuntary 본의 아닌), 자원한

- voluntary resignation 자진 사퇴
- voluntary army 의용군

affirmative [əfə́ːrmətiv] 형 긍정적인(↔ negative 부정적인)

- an affirmative concept 긍정적 개념

promote [prəmóut] 동 촉진하다, 승진시키다

- promote the welfare of the people 국민의 복리를 증진하다
- •• promotion 명 촉진, 증진, 승진

foster [fɔ́(:)stər] 동 촉진하다, 육성하다(= raise)

- foster exports 수출을 촉진하다
- foster a person to be competent 인재를 육성하다

haste [heist] 명 서두름

- There was no need for haste. 서두를 필요는 전혀 없었다.
- ●● hasten 동 촉진하다, 서둘러 가다

refrain [rifréin] 동 삼가다, 그만두다

- refrain from greasy food 기름기 많은 음식을 삼가다
- Please refrain from smoking. 담배는 삼가주십시오.

pause [pɔːz] 명 멈춤, 중지 동 멈추다, 쉬다

- in a pause of conversation 말이 잠시 끊어졌을 때
- pause for breath 한숨 돌리기 위해 잠깐 쉬다

passage [pǽsidʒ] 명 통과, 경과, 진행, 한 단락

- No passage this way. 통행금지.
- be unaware of the passage of time 시간 가는 줄도 모르다
- an obscure passage 뜻이 모호한 구절

accompany [əkʌ́mpəni] 동 동반하다, 반주하다

- He was accompanied by his family. 그는 가족을 동반했다.
- accompany a song on the piano 노래에 피아노를 곁들이다

discharge [distʃɑ́ːrdʒ] 동 수행하다, 면제하다

- discharge one's duties 직분을 다하다
- discharge from a debt 채무를 면제하다

exempt [igzém(p)t] 형 면제된(= free)

- exempt from military service 병역을 면제하다

informal [infɔ́ːrməl] 휑 비공식의(↔ formal 정식의)

- an informal interview   비공식 회견

administer [ədmínistər] 동 운영하다, 관리하다

- administer an organization   조직을 운영하다
- administer financial affairs   재무를 관리하다
- •• administration   명 운영, 경영, 행정

operate [ápərèit] 동 움직이다, 운영하다, 수술하다

- operate an elevator   엘리베이터를 조작하다
- operate on the brain   뇌수술을 하다
- •• operation   명 작동, 작용, 수술

manage [mǽnidʒ] 동 관리하다

- manage on scientific lines   과학적으로 관리하다
- •• management   명 관리, 경영
- •• manager   명 관리자, 감독

regulate [régjəlèit] 동 규제하다, 조정하다

- regulate traffic   교통을 규제하다
- regulate the temperature   온도를 조절하다
- •• regulation   명 규제, 조정

direct [dirékt] 동 감독하다, 지시하다 휑 똑바른, 직접의

- direct a film   영화를 감독하다
- a direct effect   직접적인 영향
- •• direction   명 방향, 지도

precede [prisíːd] 동 앞서다(↔ follow 뒤따르다)

- This precedes all others.   이것은 다른 모든 것보다 우선한다.

lead [líːd] 동 인도하다, 지내다 명 [led] 납

- A dog leads the blind man.   한 마리 개가 그 눈먼 사람을 인도한다.
- pour molten lead into a mold   녹인 납을 거푸집에 지어붓다

25th day*

overtake [òuvərtéik] 图 따라잡다(catch up with)

- I ran to overtake him. 그는 그를 따라잡기 위해 뛰었다.
- No overtaking. 추월 금지.

vision [víʒən] 뗑 시력, 통찰력

- have normal vision 시력이 정상이다
- He is a man of broad vision. 그는 고매한 식견을 가졌다.
- •• visional 옝 환상으로 본, 가공의
- •• visionary 옝 꿈같은, 실현 불가능한

stare [stεər] 图 응시하다, 빤히 보다 뗑 응시

- stare into space 허공을 응시하다
- Don't stare at me like that. 그렇게 뚫어지게 보지 마시오.
- It's rude to stare at someone. 누구를 빤히 쳐다보는 것은 실례다.

pierce [piərs] 图 관통하다, 꿰뚫다

- A long tunnel pierces the mountains. 긴 터널이 산맥을 관통하고 있다.
- pierce beneath the shows of things 사물의 진상을 꿰뚫다
- •• piercing 옝 꿰뚫는 듯한, 날카로운

perspective [pə(:)rspéktiv] 뗑 조망, 시각

- give perspective to a painting 그림에 원근감을 주다
- from a historical perspective 역사적인 관점에서
- Please see things in the right perspective. 사물을 바르게 봐 주세요.

standpoint [stǽndpɔ̀int] 옝 관점(= point of view), 입장

- view from a different standpoint 다른 관점에서 보다
- define one's standpoint 입장을 천명하다
- look at a question from all standpoints 모든 각도에서 문제를 검토하다

aspect [ǽspekt] 명 관점, 측면

- You must consider the problem from every aspect.
  그 문제는 모든 관점에서 고려해야 한다.
- He has a gentle aspect. 그에게는 정중한 면이 있다.

orientation [ɔ̀ːrientéiʃən] 명 방향 결정, 안내

- consumer orientation 소비자 지향
- an orientation session for incoming freshmen 신입생에 대한 안내

evaluate [ivǽljuèit] 동 평가하다, ~의 값을 구하다

- evaluate the cost of the damage 손해액을 사정하다
- •• evaluation 명 평가

rate [reit] 동 평가하다, 간주하다(= consider)

- rate glory at its true value 명성을 올바르게 평가하다.

pose [pouz] 동 자세를 취하다, 문제제기하다

- She posed for her portrait. 그녀는 자기 초상화를 그리도록 자세를 취했다.
- pose a question 문제를 내다

status [stéitəs] 명 지위, 현상

- raise the social status of women 여성들의 사회적 지위를 향상시키다

rank [ræŋk] 명 열, 지위, 계급 동 자리 잡다

- Our ranks swelled to over a hundred. 우리 열은 백 명 이상으로 불어났다.
- rise to a high rank 고위직에 오르다
- We sat in the front rank. 우리는 앞줄에 앉았다.

throne [θroun] 명 왕위, 왕좌 동 왕위에 오르게 하다

- succeed to the throne 왕위를 잇다

minister [mínistər] 명 장관, 목사

- the Minister of Justice 법무부 장관
- ministers of religion 성직자, 목사
- ministry 명 부(部), 내각, 목사의 직

temperament [témpərəmənt] 명 기질

- an artistic temperament 예술가적 기질
- a fussy temperament 괴팍한 성미

trait [treit] 명 특성, 특색

- a national trait 국민적 특성
- make the best of traits 특색을 살리다

peculiarity [pikjù:liǽrəti] 명 특이성, 특색, 버릇

- peculiar 형 특이한, 독특한

quaint [kweint] 형 별난, 기이한, 기묘한

- a quaint sense of humor 독특한 유머 감각
- He has a quaint way of speaking. 그는 말투가 이상하다.

queer [kwiər] 형 별난, 기묘한

- put on a queer face 기묘한 표정을 짓다
- a queer bird 괴짜

striking [stráikiŋ] 형 현저한, 두드러진(= notable)

- a striking contrast 현저한 차이
- He has a striking figure. 그는 멋진 몸매를 가지고 있다.

outstanding [àutstǽndiŋ] 형 뛰어난, 걸출한

- an outstanding scholar 뛰어난 학자
- He is an outstanding figure. 그는 출중한 인물이다.

notable [nóutəbəl] 휑 주목할 만한, 유명한

- a notable achievement 눈에 띄는 업적
- Many notables came to the President's reception.
  대통령의 초대연에 많은 명사들이 참가하였다.

prominent [prámənənt] 휑 돌출한, 눈에 띄는, 탁월한, 저명한

- a prominent forehead 튀어나온 이마
- a prominent scholar 탁월한 학자
- prominent men of the time 당대의 명사

singular [síŋgjələr] 휑 남다른, 특이한

- be singularly dressed 괴상한 옷차림을 하고 있다

inherent [inhíərənt] 휑 고유의(= natural), 타고난(= inborn)

- inherent ability 적성
- an inherent talent 천부적 재능

similar [símələr] 휑 유사한

- This question is similar to that. 이 문제는 그것과 유사하다.
- •• similarity 휑 유사, 유사성

approximate [əpráksəmèit] 휑 대략의, 근사한

- In approximately two hours. 약 두 시간 후에요.
- approximate two surfaces 두 면을 접근시키다

replace [ripléis] 동 대체하다, 대신하다

- replace a burnt-out light bulb 끊어진 전구를 교체하다

supplement [sʌ́plmənt] 동 보충하다

- supplement one's income 생활비에 보태 쓰다
- •• supplementary 휑 보충하는

26th day*

equivalent [ikwívələnt] 휑 동등한(= equal) 몡 등가물, 동등물

- graduation from a high school or the equivalent
  고교 졸업 또는 동등한 학력
- horizontal equivalent 수평 거리
- ●● equivalence 몡 같음, 등가, 동등

homogeneous [hòumədʒíːniəs] 휑 동질적인(↔ heterogeneous 이질적인)

- a racially homogeneous nation 단일 민족 국가
- a homogeneous equation 동차 방정식

reproduce [rìːprədjúːs] 동 복제하다, 재생하다, 번식하다

- reproduce with complete fidelity 원본과 똑같이 복제하다
- reproduce a severed branch 잘려나간 가지를 재생하다
- reproduce a new variety of sheep 양의 새로운 종을 번식시키다
- ●● reproduction 몡 복제, 재생, 번식

diverse [divə́ːrs] 휑 다양한(= varied)

- a man of diverse interests 취미가 다양한 사람
- ●● diversity 몡 다양성

recall [rikɔ́ːl] 동 상기하다, 소환하다 몡 회상, 소환

- I can't recall his name. 나는 그의 이름이 생각나지 않는다.
- recall a special correspondent home 특파원을 본국으로 소환하다
- recall to one's mind 기억을 불러일으키다

recollect [rèkəlékt] 동 회상하다

- I recollect that I have met her before. 전에 그녀를 만난 기억이 난다.
- ●● recollection 몡 회상
- ●● recollective 휑 기억의, 추억의

resemble [rizémbəl] [동] 닮다(= take after)

□ She resembles her mother. 그녀는 자기 어머니를 닮았다.
●● resemblance [형] 유사한, 닮은

akin [əkín] [형] 유사한, 동류의

□ Pity is akin to love. 연민은 사랑에 가깝다.

commonplace [kámənplèis] [형] 흔한, 평범한, 진부한

■ degenerate into commonplace 평범한 일이 되어 버리다
■ make a commonplace remark 진부한 말을 하다

standard [stǽndərd] [명] 표준, 모범 [형] 표준의, 모범적인

□ The quality comes up to standard. 품질이 표준에 미치다.
■ elevate the standard of living 생활수준을 향상시키다

pattern [pǽtərn] [명] 모범, 모형

■ follow the pattern of one's parents 부모를 거울삼다
■ a basic sentence pattern 기본 문형

specimen [spésəmən] [명] 견본, 표본

■ put specimen pages into type 견본 소판하나
■ a botanical specimen 식물의 표본

average [ǽvəridʒ] [형] 평균의, 보통의 [명] 평균

□ His score was above average. 그의 점수는 평균 이상이었다.
□ We have the average temperature. 기온은 평년과 같다.

personality [pə̀ːrsənǽləti] [명] 개성, 인물, 명사(名士)

□ She has a very strong personality. 그녀는 개성이 매우 강하다.
□ He has a fine personality. 그는 훌륭한 인물이다.

renown [rináun] 명 명성(= fame)

- an author of great renown. 굉장한 명성의 작가
- renowned 형 유명한

sage [seidʒ] 명 현인, 철인

- the teaching of an ancient sage 고대 현인의 교훈

venerable [vénərəbəl] 형 덕망 있는(= respected)

- your venerable father 춘부장
- venerate 동 존경하다
- veneration 명 존경

tolerant [tálərənt] 형 관대한, 아량이 있는

- He is less tolerant of his own weaknesses.
  그는 자신의 약점에 대해 관대하지 못하다.
- tolerate 동 참다

flexible [fléksəbəl] 형 구부리기 쉬운, 융통성 있는(↔ inflexible 경직된)

- Rubber is flexible materials. 고무는 구부리기 쉬운 물질이다.
- Try to be a little more flexible. 편협하게 굴지 마라.

elastic [ilæstik] 형 탄력 있는

- A rubber band is elastic. 고무 밴드는 신축성이 있다.
- elasticity 명 탄력

rigid [rídʒid] 형 경직된, 엄중한, 엄정한

- go rigid with nervous tension 긴장해서 몸이 얼어 버리다
- order a rigid search 엄중한 탐색을 명하다
- rigidity 명 경직성, 엄중

temperance [témpərəns] 명 절제, 금주

- temperance in eating and drinking 음식의 절제
- the temperance movement 금주 운동
- temperate 형 절제하는

upright [ʌ́prãit] 휑 똑바른, 정직한

□ The man is standing upright. 남자는 똑바로 서 있다.
■ an upright person 정직한 사람

righteous [ráitʃəs] 휑 정의로운, 정당한

■ a righteous war 정의로운 싸움

sheer [ʃiər] 휑 순전한, 완전한(=utter)

□ It was a sheer fluke. 그것은 순전한 운이었다.
■ sheer nonsense 전혀 터무니없는 말

innocent [ínəsnt] 휑 결백한, 순진한

□ I believe he is innocent. 나는 그의 결백을 믿는다.
□ We were fooled by his innocent look. 우리는 그의 순진한 모습에 속았다.
•• innocence 휑 순결, 결백

fluent [flúːənt] 휑 유창한

■ speak very fluently 청산유수로 이야기하다
•• fluently 휑 유창하게

ingenious [indʒíːnjəs] 휑 교묘한, 발명의 재능이 있는

□ It was an ingeniously set trap. 그것은 교묘히 짜여진 함정이었다.
•• ingenuity 휑 발명의 재주, 창의

smart [smaːrt] 휑 재치 있는, 멋진, 영리한

■ a smart appearance 맵시 있는 외모
□ He is a smart student. 그는 영리한 학생이다.

tact [tækt] 휑 재치, 요령

□ He had the tact to settle the matter. 그는 재치 있게 그 문제를 해결했다.
•• tactful 휑 재치 있는

27th day*

human [hjúːmən] [형] 인간의, 인간적인

- traces of human habitation 사람이 살던 자국
- feelings indigenous to human beings 인간 고유의 감정

●● humanity [명] 인간애, 인간성

impersonal [impə́ːrsənəl] [형] 특정인과 관계없는, 일반적인

□ His remarks are intended to be quite impersonal.
그의 발언은 어느 특정인을 가리킬 의도가 전혀 없다.

●● impersonality [명] 비개인성, 비인간성

frank [fræŋk] [형] 솔직한, 숨김없는

□ Your answer is not frank. 너의 대답은 솔직하지 못하다.

- be frank with you 숨김없이 말하다

●● frankly [부] 솔직히, 숨김없이

genial [dʒíːnjəl] [형] 온화한, 따뜻한, 다정한

- a genial climate 온화한 기후
- a genial welcome 따뜻한 환영
- genial mood 화기애애한 분위기

●● geniality [명] 친절, 온정

frugal [frúːgəl] [형] 검약한, 소박한(↔ wasteful)

- be frugal of one's time 시간을 절약하다
- a frugal life 알뜰한 살림

●● frugality [명] 검소, 절약

humble [hʌ́mbəl] [형] 겸손한, 하찮은

- a humble request 겸손한 요구
- be a man of humble birth 미천한 집에서 태어나다

minor [máinər] 혱 중요하지 않은, 작은, 가벼운

□ It's only a minor problem. 그것은 단지 사소한 문제다.
□ It's a fairly minor operation. 그것은 아주 가벼운 수술이다.

slight [slait] 혱 적은, 대단치 않은, 가벼운

□ I have a slight acquaintance with her. 나는 그녀를 조금 알고 있다.
■ give a slight nod 고개를 가볍게 끄덕이다

tiny [táini] 혱 작은

■ live in a tiny house 작은 집에서 살다

particle [pá:rtikl] 몡 미량, 극소량, 입자

□ He has not a particle of sympathy. 그는 동정심이라고는 조금도 없다.
■ minute particles 미세한 입자

fraction [frǽkʃən] 몡 소량, 단편

□ There is not a fraction of truth. 손톱만큼의 진실도 없다.

myriad [míriəd] 혱 무수한(= very many)

□ The myriads of stars were twinkling in the night sky.
밤하늘에 무수한 별들이 반짝이고 있었다.

fragment [frǽgmənt] 몡 파편, 단편

■ a fragment of a broken dish 깨진 접시 조각
■ talk in fragments of words 단편적으로 말하다
●● fragmentary 혱 파편의, 단편적인

fragile [frǽdʒəl] 혱 깨지기 쉬운

□ Use plenty of wrapping when you pack fragile articles.
깨지기 쉬운 물건을 포장할 때는 충분히 포장해라.

petty [péti] 휑 작은, 사소한, 속이 좁은

- resort to petty tricks 잔재주를 부리다
- petty grievances 사소한 불만

sober [sóubər] 휑 술 취하지 않은, 진지한, 근엄한

- become sober 취기가 가시다
- look sober 진지한 얼굴을 하다

propriety [prəpráiəti] 휑 예의 바름, 예의, 타당성(= suitability)

- sin against propriety 예절에 어긋난 행동을 하다
- I doubt the propriety of the measures.
  나는 그 조치가 타당한지 의심스럽다.

discreet [diskríːt] 휑 사려 깊은, 신중한(↔ indiscreet)

- She is discreet in her behavior. 그녀는 행동이 신중하다.
- ●● discretion 휑 신중

prudent [prúːdənt] 휑 신중한(↔ imprudent 경솔한)

- take a prudent attitude 신중한 태도를 취하다

sagacious [səgéiʃəs] 휑 현명한(= wise)

- a man of sagacity 총명한 사람
- ●● sagacity 휑 현명, 영리함
- ●● sage 휑 현명한 사람(= wise man)

trustworthy [trʌ́stwə̀ːrði] 휑 신뢰할 수 있는(= dependable)

- Are these statistics trustworthy? 이 통계를 신뢰할 수 있습니까?

innovation [ìnəvéiʃən] 휑 혁신, 쇄신

- technological innovation 기술 혁신
- ●● innovate 휑 혁신하다

strenuous [strénjuəs] 형 힘이 드는, 정력적인, 열심인

- be averse to strenuous exercise 격렬한 운동을 싫어하다
- a strenuous person 정력적인 사람

gallant [gǽlənt] 형 용감한, 늠름한

- a gallant attitude 늠름한 태도
- •• gallantry 명 용감(= bravery)

daring [déəriŋ] 형 대담한(= bold), 용감한(↔ timid 겁 많은)

- □ She made a daring remark. 그녀는 대담한 발언을 했다.
- •• dare 동 감히 ~ 하다

robust [roubʌ́st] 형 건장한, 튼튼한(↔ delicate 허약한)

- a robust physique 건장한 체격

stately [stéitli] 형 위엄이 있는, 당당한

- march in a stately manner 보무당당하게 진군하다

awe [ɔː] 명 경외, 두려움 동 경외하게 하다

- □ The sight filled us with awe. 그 광경을 보고 우리는 큰 경외감을 느꼈다.
- •• awful 형 무서운

respect [rispékt] 명 점(= point), 관계, 존경 동 존경하다

- in every respect 모든 점에 있어서
- have respect to ~에 관계가 있다
- □ I respect my parents earnestly. 나는 진정으로 부모님을 존경한다.
- •• respectable 형 존경할 만한, 훌륭한
- •• respectful 형 정중한, 공손한

salute [səlúːt] 동 경례하다, 인사하다 명 인사

- raise one's hand in salute 거수경례를 하다
- •• salutation 명 인사, 인사말

28th day*

superior [səpíəriər] 형 우수한

□ He is definitely superior to the others.
그는 남보다 단연 우수하다.
□ This product is superior to that in quality.
이 제품은 저 제품보다 질적으로 우수하다.
●● superiority 명 우수, 우위, 우월

excel [iksél] 동 뛰어나다, 능가하다

□ He excels others in character.   그는 인격이 남보다 뛰어나다.
●● excellent 형 우수한

reason [ríːzən] 명 이성, 이유 동 추리하다, 설득하다

□ She was deprived of reason.   그녀는 이성을 잃었다.
□ That's an apparent reason.   그것은 표면상의 이유에 불과하다.
■ reason into compliance   타일러서 납득시키다

intelligence [intélədʒəns] 명 지능, 지성

■ a man of excellent intelligence   지능이 뛰어난 사람
■ appeal to one's intelligence   지성에 호소하다
●● intelligent 형 지적인, 총명한

cause [kɔːz] 명 대의, 명분, 목적, 이유

■ fight in the cause of freedom   자유를 옹호하기 위하여 싸우다
■ inquire into the cause   원인을 알아보다

objective [əbdʒéktiv] 형 객관적인(↔ subjective 주관적인) 명 목표, 목적

■ make an objective observation   객관적으로 관찰하다
■ an objective complement   목적격 보어
●● objectivity 명 객관성, 객관적 타당성

utility [ju:tíləti] 명 유익, 효용

□ It is of no utility. 그건 쓸모가 없다.
■ marginal utility 한계 효용

futile [fjú:tl] 형 쓸데없는, 무익한

■ make a futile attempt 헛된 시도를 하다
■ a futile argument 무익한 논쟁
●● futility 명 무익

reward [riwɔ́:rd] 명 보상, 보수

□ They received rewards for their efforts. 그들은 노력한 보답을 받았다.
□ He has been justly rewarded. 그는 정당한 보수를 받았다.
●● rewarding 형 보답이 있는, 가치 있는

value [vǽljuː] 명 가치 동 존중하다

□ The value of the dollar is falling. 달러의 가치가 하락하고 있다.
●● valuable 형 귀중한
●● valuables 명 귀중품

deserve [dizə́:rv] 동 가치가 있다(= be worthy of)

□ The problem deserves solving. 그 문제는 풀어볼 만한 가치가 있다.

worth [wə:rθ] 명 가치 형 ~의 가치가 있는

□ Few knew his true worth. 그의 진가를 아는 사람이 거의 없었다.
●● worthy 형 가치 있는, 훌륭한

treasure [tréʒər] 명 보물 동 소중히 하다(= value)

■ be designated as a national treasure 국보로 지정되다
□ He treasures the watch his father gave him.
그는 아버지가 주신 시계를 소중히 한다.

potential [pouténʃəl] 형 가능성이 있는, 잠재적인 명 잠재력

□ The boy is a potential actor. 그 소년은 가능성이 있는 배우이다.

ability [əbíləti] 명 능력, 수완(↔ inability 무력, 무능)

□ His ability is yet to be known. 그의 능력은 미지수이다.
□ He lacks in administrative ability. 그는 행정적 수완이 없다.

exert [igzə́:rt] 동 노력하다, 발휘하다

□ He exerted himself to win the race. 그는 경주에 이기기 위해 노력했다.
●● exertion 명 노력

inability [ìnəbíləti] 명 무능, 무력(↔ ability 능력, 수완)

■ my inability to make decisions 결정을 내릴 능력이 없다.

inferior [infíəriər] 형 열등한(↔ superior 우수한)

□ He is inferior to me in scholarship. 그는 학문에는 나보다 열등하다.
●● inferiority 명 열등, 하위

silly [síli] 형 어리석은(= foolish), 지각없는

■ a silly question 바보 같은 질문

frivolous [frívələs] 형 경박한

□ He is clever, but rather frivolous. 그는 똑똑하지만 경박한 데가 있다.
■ frivolous remarks 경박스러운 말

ignorant [ígnərənt] 형 무지한, 모르는

■ enlighten the ignorant 무지한 사람들을 교화하다
□ He is ignorant of the ways of the world. 그는 세상 물정에 눈이 어둡다.
●● ignorance 명 무지

indifferent [indífərənt] 형 무관심한

□ She is indifferent to politics. 그녀는 정치에 대해 무관심하다.
●● indifference 명 무관심

boredom [bɔ́ːrdəm] 몡 지루함

□ Work dispels boredom. 일을 하면 지루한 줄 모른다.
•• bore 동 싫증나게 하다
•• boring 형 지겨운, 진저리나는

weary [wíəri] 형 지친(= tired), 지루한(= tiresome)

■ grow weary of waiting 기다리다 지치다
•• weariness 명 피로, 권태

neglect [niglékt] 동 소홀히 하다, 돌보지 않다 명 소홀, 태만

■ neglect one's studies 공부를 소홀히 하다
□ He had neglected his family all his life. 그는 평생 가족을 돌보지 않았다.
•• neglectful 형 소홀히 하는, 태만한

clumsy [klʌ́mzi] 형 서투른, 어색한

■ a clumsy translation 서투른 번역

coarse [kɔːrs] 형 조잡한, 거친, 상스러운(↔ refined 우아한, 세련된)

■ a man of coarse character 품위 없는 사람
■ coarse speech 상스러운 말씨

tough [tʌf] 형 단단한, 질긴

□ This beef is tough. 쇠고기가 질기다.
•• toughen 동 단단하게 하다

corrupt [kərʌ́pt] 동 부패시키다, 타락시키다

■ a corrupt politician 부패한 정치가
■ corrupt public morals 풍기 문란케 하다
•• corruption 명 부패, 타락

degrade [digréid] 동 타락하다, 품위를 떨어뜨리다

□ You will degrade yourself by such an act.
그런 행동은 네 품위를 떨어뜨린다.
•• degrading 형 불명예스러운, 품위를 떨어뜨리는

29th day*

complacent [kəmpléisənt] (형) 자기만족에 빠진(=self-satisfied)

- a complacent look 득의양양한 태도
- •• complacently (부) 만족하여

capricious [kəpríʃəs] (형) 변덕스러운

- capricious weather 변덕스러운 날씨
- •• caprice (명) 변덕

negligence [néglidʒəns] (명) 태만, 과실

- □ His failure is due to negligence. 그의 실패는 태만으로 인한 것이다.
- □ The accident was due to the negligence of the driver.
  그 사고는 운전자의 과실로 인한 것이었다.
- •• negligent (형) 태만한

slumber [slʌ́mbər] (명) 잠, 졸음 (동) 졸다

- □ The baby slumbers peacefully for hours.
  아기는 몇 시간이고 편안히 잠잔다.
- slumbering eyes 졸리운 눈
- fall into a slumber 잠들어 버리다

indolent [índələnt] (형) 게으른, 나태한

- an indolent disposition 게으른 성품
- □ He was a fat and indolent person. 그는 뚱뚱하고 나태한 사람이었다.
- habits of indolence 게을러지다
- •• indolence (명) 나태

miser [máizər] (명) 구두쇠, 수전노

- an awful miser 지독한 구두쇠
- •• miserly (형) 인색한
- •• miserable (형) 비참한, 불쌍한

prodigal [prάdigəl] 휑 방탕한(= wasteful)

□ The prodigal son squandered his inheritance.
방탕한 그 아들은 자기의 유산을 낭비했다.

cynical [sínikəl] 휑 냉소적인

■ smile a cynical smile. 냉소적인 웃음을 짓다
●● cynic 명 냉소적인 사람

sneer [sniər] 동 비웃다, 냉소하다

■ sneer at others 남을 비웃다
■ be sneered at 비웃음을 받다

humor [hjúːmər] 명 해학, 기분, 유머

■ a writer with humor and zest 해학과 풍자를 겸비한 작가
□ She smiled him into good humor.
그녀는 미소로써 그의 기분을 풀어 주었다.

satire [sǽtaiər] 명 풍자

■ a novel full of biting satire 통렬한 풍자가 가득한 소설
●● satirical 휑 풍자적인

caricature [kǽrikətʃùər] 명 풍자만화 동 만화식으로 그리다, 풍자하다

■ a harsh caricature 신랄한 만화

haughty [hɔ́ːti] 휑 오만한, 거만한(= arrogant)

□ I disliked his haughty demeanor. 나는 그의 거만한 태도가 싫었다.

insolent [ínsələnt] 휑 오만한(= arrogant), 무례한

■ an insolent act 오만한 행동
■ an insolent reply 무례한 답변

spoil [spɔil] 동 망쳐놓다, 버리다

- I spoiled the first picture I drew. 나는 내가 그린 첫 그림을 망쳤다.
- Spare the rod and spoil the child. 매를 아끼면 아이를 버린다.

mar [mɑːr] 동 상하게 하다

- My pride was much marred up by his words.
  그의 말로 내 자존심이 크게 상했다.
- mar the beauty 미관을 해치다

discard [diskɑ́ːrd] 동 버리다(= throw away)

- He discarded money for name. 그는 돈을 버리고 명예를 취했다.
- discard one's belief 신념을 버리다

abandon [əbǽndən] 동 버리다, 단념하다(= give up)

- He abandoned his country. 그는 조국을 버렸다.
- abandon one's plan 계획을 포기하다

renounce [rináuns] 동 포기하다, 단념하다(=give up)

- renounce the right of succession 상속권을 포기하다
- ●● renunciation 명 포기

disappoint [dìsəpɔ́int] 동 실망시키다

- I'll try not to disappoint you. 실망시켜드리지 않도록 노력하겠습니다.
- ●● disappointment 명 실망

discourage [diskə́ːridʒ] 동 낙담시키다, 단념시키다(↔ encourage)

- Don't be discouraged by it. 기죽지 말아요.

impudent [ímpjədənt] 형 뻔뻔스러운, 염치없는

- He is an impudent visitor. 그는 뻔뻔스러운 손님이다.
- ●● impudence 명 몰염치

ignoble [ignóubəl] 휑 비열한(= contemptible)

□ To betray a friend is ignoble. 친구를 배신하는 것은 비열하다.

sly [slai] 휑 교활한, 은밀한

□ She is sly as a fox. 그녀는 여우같이 교활하다.
■ start smoking on the sly 담배를 몰래 피우기 시작하다

wicked [wíkid] 휑 사악한, 악독한, 심술궂은

□ He was wicked and dishonest. 그는 사악하고 부정직했다.
□ I worked his wicked will upon them. 나는 그들에게 심술궂게 굴었다.

sinister [sínistər] 휑 불길한(= ominous), 사악한(= wicked)

■ sinister symptoms 불길한 징후
■ a sinister look 험악한 얼굴

devil [dévl] 휑 악마, 마귀(= Satan)

■ raise the devil 악마를 불러내다
□ She is possessed with a devil. 그녀는 악령에 사로잡혀 있다.

grave [greiv] 휑 무덤 휑 중대한, 근엄한

■ from the cradle to the grave 요람에서 무덤까지
□ He is as grave as a judge. 그는 매우 근엄하다.

awful [ɔ́ːfəl] 휑 두려운(=terrible), 대단한 휑 몹시

■ an awful disaster 무서운 재해
□ It was an awfully cold night. 무지무지 추운 밤이었다.

dread [dred] 휑 두려워하다 휑 공포, 불안

□ Cats dread water. 고양이는 물을 두려워한다.
●● dreadful 휑 두려워하는

30th day*

haunt [hɔːnt] [동] 출몰하다, 괴롭히다

□ A ghost haunts the house. 그 집에는 귀신이 나온다.
□ The memory always haunts me. 두고두고 잊혀지지 않는다.
■ a haunted house 귀신이 나오는 집
●● haunted [형] 귀신이 나오는

hideous [hídiəs] [형] 소름끼치는, 끔찍한

■ a hideous crime 소름 끼치는 범죄
■ a hideous noise 기분 나쁜 소리
■ a hideous monster 무시무시한 괴물

appall [əpɔ́ːl] [동] 오싹하게 하다

□ The thought of another war appalled the nation.
또다른 전쟁 생각에 국민들은 오싹했다.
●● appalling [형] 오싹해지는, 지독한

gloomy [glúːmi] [형] (날씨가) 음울한, 우울한(= melancholy)

■ gloomy weather 쓸쓸한 날씨
□ He has a gloomy turn of mind. 그에게는 어두운 일면이 있다.
■ a gloomy mood 우울한 기분

dismal [dízməl] [형] 음침한, 음울한

□ He is always in the dismals. 그는 항시 음침하다
■ a dismal scene of winter 암울한 겨울 풍경

conspiracy [kənspírəsi] [명] 음모

■ entangle a person in a conspiracy ~을 음모에 끌어넣다
■ be party to a conspiracy 음모에 가담하다
●● conspire [동] 공모하다

scheme [skiːm] 몡 계획, 안(案), 음모

□ There are a number of holes in the scheme. 그 계획은 구멍투성이다.
■ lay a scheme stealthily 은근히 음모를 꾸미다

sullen [sʌ́lən] 톙 언짢은, 음울한, 음산한

□ He kept a sullen silence. 그는 뽀로통해서 말이 없었다.
□ The sullen skies threatened rain. 음울한 하늘은 곧 비가 쏟아질 듯했다.

snare [snɛər] 몡 올가미, 덫(= trap)

■ a fox is caught in a snare 여우가 올가미에 걸리다
■ be caught in one's own snare 자신이 놓은 덫에 걸리다

poison [pɔ́izən] 몡 독 톰 독살하다

□ This poison will exterminate the rats. 이 독약은 쥐를 근절시킬 것이다.
■ kill oneself by taking poison 음독하여 죽다
●● poisonous 톙 유독한

malice [mǽlis] 몡 악의, 적의

□ I bear them no malice. 나는 그들에게 아무런 악의도 품고 있지 않다.
●● malicious 톙 악의에 찬

wistful [wístfəl] 톙 탐내는 듯한, 생각에 잠긴

■ wistful eyes 탐내는 듯한 눈길

dictator [díkteitər] 몡 독재자

□ He was a mere tool of the dictator. 그는 독재자의 앞잡이에 불과했다.
●● dictatorship 몡 독재정치, 독재정권

private [práivit] 톙 개인의(↔ public 공공의) 몡 병사

■ refuse from private reasons 개인적인 이유로 거절하다
□ He is a mere private soldier. 그는 단지 한 병사에 불과하다.

traitor [tréitər] 몡 반역자, 배반자

□ He was branded as a traitor. 그는 반역자란 낙인이 찍혔다.
□ They condemned him as traitor. 그들은 그를 배신자라고 비난했다.

mob [mɑb] 몡 군중, 폭도

□ Excited mobs rushed to the palace. 흥분한 폭포들이 궁전으로 몰려갔다.
•• mobilize 동 동원하다

throng [θrɔ(ː)ŋ] 동 모여들다, 쇄도하다 명 군중

□ The street was thronged with people. 거리는 군중으로 들끓고 있었다.
■ a vulgar throng 일반 대중

popularity [pɑ̀pjələǽrəti] 몡 인기, 유행

□ She is now at the peak of her popularity. 그녀는 인기 정상에 있다.
•• popular 형 인기 있는, 대중의

multitude [mʌ́ltitjùːd] 몡 다수, 군중, 일반대중

□ I have a multitude of friends. 내게는 친구가 많다.
■ the unreasoning multitude 사리를 분간 못하는 일반 대중

numerous [njúːmərəs] 형 다수의, 수많은

■ the numerous voice of the people 전국민 다수의 목소리
□ I have numerous things to do. 나는 할 일이 엄청나게 많다.

majority [mədʒɔ́(ː)rəti] 몡 대다수

■ be elected by a sweeping majority of votes 압도적 다수로 당선되다
•• major 형 대다수의, 주요한

rebel [rébəl] 동 반란을 일으키다, 거역하다

□ They rebelled against the government.
그들은 정부에 대한 반란을 일으켰다.
•• rebel 명 반역자

riot [ráiət] 명 폭동, 난동 동 폭동을 일으키다

□ The city was thrown into complete chaos by the riot.
폭동으로 도시는 무질서 상태에 빠졌다.

erupt [irʌ́pt] 동 분출하다, 폭발하다

□ A volcano erupted. 화산이 분출했다.
●● eruption 명 폭발, 분화

reckless [réklis] 형 무모한, 분별없는

■ reckless driving 난폭 운전
□ She spends her money recklessly. 그녀는 분별없이 돈을 쓴다.

guilty [gílti] 형 유죄의(↔ innocent 결백한)

□ We reasoned that he was guilty. 우리는 그가 유죄라고 판단했다.
■ be found guilty 유죄 판결을 받다

compete [kəmpíːt] 동 경쟁하다

□ They competed for the prize. 그들은 그 상을 타려고 경쟁을 했다.
●● competition 명 경쟁

warfare [wɔ́ːrfɛ̀ər] 명 전쟁, 투쟁

□ Fierce warfare is not an immediate prospect.
격렬한 전쟁이 금방 일어날 가망은 없다.
■ class warfare 계급투쟁

military [mílitèri] 형 군사의(↔ civil 민간의)

□ All young men have to do military service.
모든 젊은이는 군 복무를 해야 한다.
■ military facilities 군사 시설

navy [néivi] 명 해군(↔ army 육군)

□ My brother is in the navy. 나의 형은 해군에 복무하고 있다.

31st day*

armament [áːrməmənt] 몡 군비

- the expansion of armaments 군비 확장
- •• arm 몡 무기, 병기, 군사
- •• armamentarium 몡 모든 설비

weapon [wépən] 몡 무기, 병기

- □ It's a sort of chemical weapons. 그것은 화학 무기의 일종이다.
- a weapon of mass destruction 대량 파괴 무기

aggressive [əgrésiv] 톙 공격적인, 적극적인

- exhibit aggressive and violent behavior
  공격적이고 난폭한 행동을 나타내다
- an aggressive businessman 적극적인 사업가
- •• aggression 몡 침략, 공격

bomb [bɑm] 몡 폭탄 됭 폭격하다

- □ Luckily the bomb didn't go off. 다행히 폭탄이 폭발하지 않았다.
- a high explosive bomb 고성능 폭탄

blast [blæst] 몡 폭발, 돌풍 됭 폭발하다(= explode)

- be injured in the blast 폭발로 인해 다치다
- wintry blasts 겨울 돌풍
- blast the rock 바위를 발파하다

accident [ǽksidənt] 몡 사고, 사건, 우연

- □ The drunk driver caused a fatal accident.
  그 음주 운전자는 치명적인 사고를 일으켰다.
- report the accident to the police 경찰에 그 사건을 알리다
- •• accidental 톙 우연의

casual [kǽʒuəl] 형 우연한

□ It was a casual meeting. 그것은 우연한 만남이었다.
•• casualty 명 재난, 사상자
•• casualty 부 우연히

incident [ínsədənt] 명 작은 사건, 불상사

□ I will account for the incident. 내가 그 사건에 대해 설명하겠다.
□ The incident has ruined his career.
  그 사건은 그의 경력에 치명타를 입혔다.

calamity [kəlǽməti] 명 재난(= disaster)

□ A miserable calamity befell him. 처참한 재난이 그에게 닥쳤다.
•• calamitous 형 재난을 가져오는, 비참한

harm [hɑːrm] 명 해(害)

□ Grasshoppers harm crops. 메뚜기는 농작물에 해를 끼친다.
•• harmful 형 해로운

catastrophe [kətǽstrəfi] 명 큰 재해, 파국

■ drive into catastrophe 파국으로 몰고 가다
•• catastrophic 형 파국적인

hazard [hǽzərd] 명 위험(= risk)

■ the many hazards of a big city 대도시의 많은 위험
•• hazardous 형 위험한(= dangerous)

risk [risk] 명 위험, 모험

□ This enterprise involves a lot of risk. 이 사업은 많은 위험을 안고 있다.
□ Some risk must be run. 다소의 위험을 무릅써야 한다.

situation [sìtʃuéiʃən] 명 상황(= state of affairs), 사태

□ The situation continues to be unchanged. 상황은 달라진 것이 없다.
□ The situation developed favorably for us.
  사태는 우리에게 유리하게 발전했다.

case [keis] 똉 실정, 환자, 경우, 상자

- be involved in a case 사건에 관여하다
- This is a special case. 이건 특별한 경우이다.
- a case of infectious disease 전염병 환자

occasion [əkéiʒən] 똉 경우, 기회, 때, 행사, 필요, 이유

- on this occasion 이 기회에
- on all such occasions 그때마다
- a sober occasion 엄숙한 행사

unprecedented [ʌnprésədèntid] 똉 전례 없는, 공전의

- an unprecedented event 전례가 없는 사건
- an unprecedented promotion 파격적인 승진

venture [véntʃər] 똉 과감히 ~을 하다, 모험을 하다

- venture on a protest 과감히 항의하다
- venture one's life 목숨을 걸고 모험을 하다

adventure [ædvéntʃər] 똉 모험

- He related the adventures of his youth.
  그는 젊은 시절 모험담을 이야기했다.

rescue [réskjuː] 똉 구출하다 똉 구조

- rescue the passengers 승객들을 구출하다
- rush to the scene of the rescue 구조 현장으로 달려가다

avert [əvə́ːrt] 똉 피하다(= avoid), 막다(= prevent)

- She averted her eyes from his stare.
  그녀는 그의 시선으로부터 눈을 돌렸다.
- an amulet to avert evils 액막이 부적

shelter [ʃéltər] 똉 피난(처) 똉 피난하다, 보호하다

- a bombproof shelter 방공호
- They sought shelter at my house. 그들은 우리 집으로 피난을 왔다.

haven [héivən] 몡 피난처, 안식처(= shelter)

□ Their home was a haven for stray animals.
그들의 집은 길 잃은 동물을 위한 안식처였다.

disorder [disɔ́:rdər] 몡 무질서, 소란

□ The formation is in disorder. 대형이 흐트러져 있다.
•• disorderly 혱 무질서한

fail [feil] 됭 ~하지 못하다, 쇠약해지다, 실패하다

■ fail to see what is right under one's nose 바로 코앞에 있는 것을 못 보다
■ fail in one's health 건강이 쇠하다
□ Though I fail, I will try again. 비록 실패할지라도 나는 다시 시도하겠다.

impoverish [impávəriʃ] 됭 가난하게 하다, 피폐하게 하다(= make very poor)

■ impoverished soil 메마른 땅
•• impoverishment 몡 가난, 곤궁

fade [feid] 됭 사라지다, 바래다, 시들다

□ Beauty fades. 아름다움은 사라진다.
□ F l o w e r s fade. 꽃이 시든다.

faint [feint] 혱 희미한, 엷은 됭 기절하다

■ a faint light 희미한 빛
■ faint with hunger 굶주려서 실신하다

complicate [kámpləkèit] 됭 복잡하게 하다

■ complicate the situation 상황을 복잡하게 하다
•• complicated 혱 복잡한

fatal [féitl] 혱 치명적인

□ He suffered a fatal blow. 그는 치명적인 타격을 받았다.
•• fatality 몡 사망, 사망자

32nd day*

horror [hɔ́:rər] 명 공포

■ a thrill of horror 소름 끼치는 공포
•• horrible 형 무서운, 지독한

fright [frait] 명 놀람, 공포

□ He seemed to be in a great fright. 그는 매우 놀란 모습이었다.
■ be struck dumb with fright 두려움에 말문이 막히다
•• frighten 동 깜짝 놀라게 하다
•• frightful 형 무서운

startle [stá:rtl] 동 깜짝 놀라게 하다

■ startle the world 세상을 깜짝 놀라게 하다

astonish [əstániʃ] 동 놀라게 하다

□ The cook was astonished at his incredible appetite.
요리사는 그의 엄청난 식욕에 놀랐다.
•• astonishing 형 놀라운

scary [skέəri] 형 무서운

□ It's scary being all alone in this big house.
이 큰 집에서 혼자 있는 것은 무섭다.
•• scare 명 공포

acute [əkjú:t] 형 격렬한, 심한, 급성의(↔ chronic 만성의), (감각이) 예리한

■ feel an acute pain in one's stomach 복부에 격통을 느끼다
□ The family's need is acute. 그 가족의 궁핍상은 매우 심하다.
□ She can make acute judgments. 그녀의 판단력은 날카롭다.

collide [kəláid] 동 충돌하다

□ Two motorcars collided. 두 대의 자동차가 충돌했다.
•• collision 명 충돌

sting [stiŋ] 통 찌르다(= prick) 명 침, 찔린 상태

- Pepper stings the tongue. 후추가 혀를 쏜다.
- My finger smarts from a sting. 벌에 쏘인 손가락이 욱신거린다.

crash [kræʃ] 통 와르르 무너지다, 충돌하다, 추락하다 명 요란한 소리, 충돌, 추락

- crash a cup against a wall 찻잔을 벽에 던져 산산조각을 내다
- crash a car into a telephone pole 자동차를 전신주에 충돌하다
- be killed in an airplane crash 비행기 추락으로 죽다

paralyze [pǽrəlàiz] 통 마비시키다

- paralyze the transportation services in Seoul
  서울 시내의 교통을 마비시키다
- •• paralysis 명 마비

trespass [tréspəs] 통 침입하다(= intrude), 침해하다 명 침입

- trespass on a person's privacy ~의 사생활을 침해하다
- trespass on another's premises 가택 침입
- •• trespasser 명 침입자

penetrate [pénətrèit] 통 침투하다, 관통하다

- The flashlight penetrated the darkness. 불빛이 어둠 속을 투과했다.
- The bullet could not penetrate the wall. 총알은 벽을 관통하지 못했다.
- •• penetration 명 침투, 관통

disturb [distə́ːrb] 통 방해하다, 불안하게 하다

- Even the slightest noise disturbs him.
  아주 경미한 소리조차도 그에게 방해가 된다.
- disturb peace of mind 마음의 평화를 어지럽히다
- •• disturbance 명 소란, 방해

interfere [ìntərfíər] 통 간섭하다, 방해하다

- interfere in another's life 남의 생활에 간섭하다
- interfere with studies 공부에 방해가 되다

obstacle [ábstəkəl] 명 장애(물)(= barrier)

- shift obstacles out of the way 장애물을 제거하다
- win against all obstacles 모든 장애를 극복하다

intervene [ìntərvíːn] 동 개입하다, 중재하다

- intervene in the civil war of another country 타국의 내전에 간섭하다
- intervene in a dispute 분쟁을 중재하다
- ●● intervention 명 개입, 중재

opponent [əpóunənt] 명 적, 상대

- He was my opponent in the debate. 그는 나의 논쟁 상대였다.
- ●● oppose 동 반대하다

doubt [daut] 동 의심하다

- There is no reason to doubt him. 그를 의심할 이유가 하나도 없다.
- ●● doubtless 형 의심할 바 없는

dubious [djúːbiəs] 형 의심하는(= doubtful), 수상한(= unreliable)

- The result remains dubious. 결과는 여전히 마음 놓을 수 없다.
- a man with a dubious past 경력이 수상한 사람

discomfort [diskʌ́mfərt] 명 불쾌, 불안, 불편(↔ comfort 편안함)

- a discomfort index 불쾌지수

displease [displíːz] 동 불쾌하게 하다, 화나게 하다(↔ please 기쁘게 하다)

- Everything he does displeases another. 하는 짓이 남의 눈에 벗어난다.

irritate [irətèit] 동 짜증나게 하다, 화나게 하다

- He irritates me very often. 그는 매우 자주 나를 화나게 한다.
- ●● irritation 명 짜증나게 함, 짜증

aggravate [ǽɡrəvèit] 동 더욱 악화시키다(=make worse), 화나게 하다(=annoy)

- aggravate an illness 병을 악화시키다

complain [kəmpléin] 동 불평하다, 호소하다

- He seldom complains. 그는 좀처럼 불평하지 않는다.
- • complaint 명 불평

discontent [dìskəntént] 명 불만(↔ content), 불평, 불복

- Their smoldering discontent burst into flame.
  마음속에 쌓였던 불만이 폭발했다.

satisfaction [sæ̀tisfǽkʃən] 명 만족

- I hear the news with great satisfaction. 그 소식을 듣고 매우 만족했다.
- • satisfy 동 만족시키다

suit [suːt] 동 어울리다, 만족시키다

- a hat which goes well with one's suit 옷과 잘 어울리는 모자
- It is hard to suit everybody. 누구의 마음에나 다 들기는 어렵다.
- • suitable 형 적합한, 적절한

partial [pɑ́ːrʃəl] 형 부분적인, 편파적인(↔ impartial 공평한)

- a partial opening of the market 부분적인 시장 개방
- His views are partial. 그의 견해는 편파적이다.

unreasonable [ʌ̀nríːzənəbəl] 형 불합리한, 터무니없는(↔ reasonable 합리적인)

- an unreasonable price 불합리한 가격
- an unreasonable claim 이치에 닿지 않는 주장

resent [rizént] 동 분개하다

- resent an unfavorable criticism 비호의적인 비평에 분개하다
- • resentment 명 분개, 분노

33rd day*

disobedient [dìsəbíːdiənt] 형 순종하지 않는

I'm a disobedient child. 전 불효자식입니다.
- **disobedience** 명 불순종, 불복
- **disobey** 동 따르지 않다, 불복종하다

withstand [wiðstǽnd] 동 저항하다, 견디다

- withstand an attack 공격에 저항하다
- withstand temptation 유혹을 견디다
- withstand hardships 고난을 견디다

overcome [ðuvərkʌ́m] 동 극복하다, 압도하다

- overcome a physical handicap 신체적 핸디캡을 극복하다
- overcome repeated failures 거듭된 실패를 극복하다
- be overcome with apprehensions 불안에 사로잡히다

provoke [prəvóuk] 동 화나게 하다, 일으키다(= arouse)

She was provoked by his behavior. 그녀는 그의 행동에 화가 났다.
- provoke criticism 비난을 불러일으키다
- **provocation** 명 자극, 도발

arouse [əráuz] 동 자극하다, 일으키다

- arouse national consciousness 민족의식을 고취하다
- arouse public opinion 여론을 자극하다
- **arousal** 명 자극

disclose [disklóuz] 동 드러내다, 폭로하다, 적발하다

He disclosed the secret to his friend. 그는 친구에게 비밀을 밝혔다.
His weakness has been disclosed. 그의 약점을 폭로했다.
- **disclosure** 명 폭로, 발표

ally [əlái] 동 동맹하다, 제휴하다 명 [ǽlai] 동맹국, 동맹자

- allied soldiers 연합군
- a triple alliance 삼국 동맹
- •• alliance 명 동맹

assist [əsíst] 동 돕다

- She assisted me in my work. 그녀는 내 일을 도와주었다.
- serve as an assistant 조수로 일하다
- •• assistance 명 도움, 원조
- •• assistant 명 조수

aid [eid] 명 원조, 조력, 보조물 동 돕다(= help)

- provide humanitarian aid to the war zone
  전쟁 지역에 인도적인 원조를 제공하다
- wear a hearing aid 보청기를 끼다

curse [kəːrs] 동 저주하다, 욕하다, 괴롭히다(= afflict) 명 저주, 악담

- spray curses on a person 사람에게 저주를 퍼붓다
- •• cursed 형 저주받은, 저주할

punish [pʌ́niʃ] 동 벌하다, 응징하다

- He ought to be punished. 그는 처벌받아야 한다.
- •• punishment 명 처벌

apologize [əpálədʒàiz] 동 사과하다, 변명하다

- We apologize for the inconvenience. 불편을 드리게 되어 사과드립니다.
- •• apology 명 사과, 변명

forgive [fərgív] 동 용서하다

- I beseech you to forgive him. 그를 용서해 주시기를 간청합니다.

avenge [əvéndʒ] 동 복수하다

- avenge my father's murder 아버지의 원수를 갚다

revenge [rivéndʒ] 동 복수하다(= avenge) 명 복수

□ I will revenge myself on them. 나는 그들에 대해 복수할 작정이다.
■ thirst for revenge 복수심에 불타다

torture [tɔ́ːrtʃər] 명 고문 동 고문하다

■ torture a confession from a prisoner 고문으로 죄수를 자백시키다
■ be put to torture 고문을 당하다

cruel [krúːəl] 형 잔인한

□ It is cruel to do such a thing. 그런 짓을 하는 것은 잔인하다.
•• cruelty 명 잔인

ruthless [rúːθlis] 형 무자비한(= pitiless), 잔인한(= cruel)

□ He ruthlessly exploited his workers.
  그는 그의 일꾼들은 무자비하게 착취했다.
•• ruthlessly 부 무자비하게

destroy [distrɔ́i] 동 파괴하다(↔ construct 세우다), 손상시키다

□ The whole town was destroyed by fire. 도시 전체가 화재로 소실되었다.
•• destruction 명 파괴, 파멸

eliminate [ilímənèit] 동 제거하다(= get rid of)

■ eliminate danger 위험을 제거하다
•• elimination 명 제거

remove [rimúːv] 동 제거하다

■ remove the cause 원인을 제거하다
•• removal 명 제거

disappear [dìsəpíər] 동 사라지다(↔ appear 나타나다), 없어지다

□ The ship disappeared in the fog. 그 배는 안개 속으로 사라졌다.
•• disappearance 명 사라짐, 실종

linger [líŋgər] 동 사라지지 않다, 남아 있다

□ The cold still lingers. 추위가 아직 가시지 않는다.

annihilate [ənáiəlèit] 동 전멸시키다

■ annihilate the enemy soldiers 적군 병사들을 전멸시키다
•• annihilation 명 전멸

subject [sʌ́bdʒikt] 형 받기 쉬운, 지배를 받는 명 국민, 주제, 학과

■ be subjected to an insult 모욕을 받다
■ a subject prolific of controversy 논쟁을 야기 시키는 문제
■ an obligatory subject 필수 과목
•• subjection 명 정복, 복종

lean [liːn] 동 기대다, 구부리다 형 야윈(= thin)

■ lean upon the balustrade 난간에 기대다
■ lean one's head forward 머리를 앞으로 숙이다

depend [dipénd] 동 ~에 의존하다

□ Children depend on their parents. 아이들은 부모에게 의존한다.
•• dependent 형 ~에 의존하는

kneel [niːl] 동 무릎 꿇다

■ kneel in prayer 무릎을 꿇고 기도를 드리다

stoop [stuːp] 동 허리를 굽히다, 창피를 무릅쓰고 하다

■ stoop to pick up a coin 동전을 줍기 위해 몸을 구부리다
■ stoop to begging 창피를 무릅쓰고 구걸을 하다

offend [əfénd] 동 감정을 상하게 하다

■ offend national susceptibilities 국민감정을 상하게 하다
•• offense 명 모욕
•• offensive 형 불쾌한, 모욕적인

34th day

dishonor [disánər] 몡 불명예, 치욕, 창피

- wipe off a dishonor 오명을 씻다
- bring dishonor on one's family 가문의 치욕이 되다
- •• dishonorable 혱 불명예스러운

banish [bǽniʃ] 통 추방하다

- banish from the country 국외로 추방하다
- banish worldly thoughts from one's mind 잡념을 버리다
- •• banishment 몡 추방

expel [ikspél] 통 쫓아내다, 추방하다

- be expelled from school 학교에서 내쫓기다
- He was expelled from the society. 그는 그 모임에서 제명당했다.
- •• expulsion 몡 축출

suppress [səprés] 통 진압하다(= put down), 억제하다

- suppress a riot 폭동을 진압하다
- suppress one's laughter 웃음을 참다
- •• suppression 몡 진압, 억제

limit [límit] 몡 제한 통 제한하다, 한정하다

- There is a limit to everything. 모든 일에는 한도가 있다.
- Limit two suits per customer. 고객 한 분당 두 벌로 제한합니다.
- •• limitation 몡 한정, 제한

overwhelm [ðuvərhwélm] 통 압도하다, 질리게 하다

- overwhelm with material superiority 물량으로 압도하다
- They overwhelmed me with questions. 그들은 질문 공세로 나를 질리게 했다.
- •• overwhelming 혱 압도하는

stifle [stáifəl] [동] 질식하다, 억누르다, 억압하다

□ We were stifled by the heat. 더워서 숨이 막힐 지경이었다.
■ stifle free expression 표현의 자유를 억압하다

oppress [əprés] [동] 억압하다

■ oppress the poor and weak 가난하고 약한 사람을 압박하다
●● oppression [명] 억압, 압제
●● oppressive [형] 중압감을 주는

pressure [préʃər] [명] 압력, 고통, 고난

□ His blood pressure is now stable. 그의 혈압은 이제 안정되었다.
■ pressure of poverty 가난의 고통

friction [fríkʃən] [명] 마찰, 알력

□ Heat is produced by friction. 열은 마찰에 의해 생긴다.
□ Friction has developed among them. 그들 사이에 알력이 생겼다.

burden [bə́ːrdn] [명] 무거운 짐, 부담

■ bear a heavy burden 무거운 짐을 짊어지다
■ be burdened with a tax 조세를 부담하다
●● burdensome [형] 무거운, 부담되는

afflict [əflíkt] [동] 고통을 주다, 괴롭히다

■ afflict oneself with illness 병으로 고생하다
●● affliction [명] 고통, 고뇌

inflict [inflíkt] [동] (타격 · 고통 등)을 가하다, 입히다

■ inflict a severe injury on 중상을 입히다

bother [bάðər] [동] 괴롭히다, 수고하다(= take trouble)

□ It really bothered me. 그것은 정말로 나를 괴롭혔다.
□ Don't bother! 그런 수고할 필요 없어요.

injure [índʒər] 동 상처를 입히다, 손상시키다

- injure a friend's feelings 친구의 감정을 상하게 하다
- •• injurious 형 유해한

anguish [æŋgwiʃ] 명 고통, 고뇌

- mental anguish 정신적 고통
- It causes him mental anguish. 그것 때문에 번민한다.

pang [pæŋ] 명 고통, 비통

- undergo the pangs of childbirth 해산의 고통을 겪다
- the pang of conscience 양심의 가책

sorrow [sárou] 명 슬픔, 비탄(= grief)

- a hidden sorrow 남모르는 슬픔
- whelmed in sorrow 비탄에 잠겨서

sigh [sai] 명 한숨, 탄식 동 한숨짓다

- A sigh dropped from his lips. 그의 입에서 한숨이 불쑥 새어 나왔다.
- I gave a sigh of relief. 나는 안도의 한숨을 쉬었다.

deplore [diplɔ́ːr] 동 한탄하다(= lament), 애통해하다

- deplore the evils of the time 시대의 병폐를 개탄하다
- •• deplorable 형 개탄할 만한

sob [sɑb] 동 흐느끼다

- The child sobbed with fear. 그 아이는 무서워서 흐느껴 울었다.
- I kept sobbing throughout the whole movie.
  나는 영화를 보는 내내 흐느꼈다.

drudgery [drʌ́dʒəri] 명 고역

- be inured to drudgery 거친 일에 익다
- It was drudgery washing dishes. 접시를 닦는 것은 고역이었다.

agonizing [ǽgənàiziŋ] 휑 괴로운, 고통스러운

- an agonizing scene 아비규환의 참상
- •• agonize 동 괴롭히다

agony [ǽgəni] 명 심한 고통, 고뇌

- writhe in the agony of pain 고통으로 몸부림치다
- mental agony 내면의 고민

wretched [rétʃid] 휑 불행한, 비참한(= miserable)

- lead a wretched existence 불행한 생활을 하다
- I felt wretched about not being able to help her.
  나는 그녀를 도울 수 없어 비참함을 느꼈다.

adversity [ædvə́ːrsəti] 명 역경, 불운

- bear up under an adversity 역경에 굴하지 않다.

seize [siːz] 동 붙잡다, 압수하다, 이해하다

- seize a thief 도둑을 붙잡다
- seize the essence 요점을 파악하다
- •• seizure 명 압수, 체포

confine [kənfáin] 동 가두다 명 경계, 한도

- Confine that convict in jail. 저 죄수를 교도소에 감금하라.
- the confines of night and day 밤과 낮의 경계

imprison [impríz∂n] 동 수감하다, 가두다

- He has been imprisoned for less. 그는 대수롭지 않은 이유로 감금당했다.
- •• imprisonment 명 구금, 투옥

ban [bæn] 동 금지하다(= prohibit) 명 금지

- ban the use 사용을 금지하다
- a total ban on nuclear arms 핵무기 전면 금지

35th day *

steer [stiər] 동 조종하다, 나아가다

□ A pilot is steering the helicopter. 조종사가 헬리콥터를 조종하고 있다.
□ She steered herself around the corner. 그녀는 모퉁이를 돌아갔다.
●● steerage 명 조종, 조타
●● steerable 형 조종 가능한, 가동되는

tame [teim] 형 길든, 유순한(↔ wild 야생의) 동 길들이다

□ Dogs are tame animals. 개는 길들어진 동물이다.
■ a tamer of wild beasts 맹수를 길들이는 사람
●● tamer 명 길들이는 사람, 조련사

subside [səbsáid] 동 가라앉다(= let up), 진정되다

□ The fury of the storm has subsided. 사나운 폭풍우가 가라앉았다.
■ the disturbance subsides 소동이 가라앉다

colony [káləni] 명 식민지, 거류지, 생물의 군(群)

□ Once India was a colony of England. 한때 인도는 영국의 식민지였다.
■ the Korean colony in Los Angeles L.A. LA의 한국인촌
■ a colony of pine trees 소나무의 군락

independence [ìndipéndəns] 명 독립(심)

■ battle against the invaders for independence 독립을 위해 침략자와 싸우다
■ the spirit of independence 자주 독립의 정신
●● independent 형 독립의, 독립적인

compatible [kəmpǽtəbəl] 형 양립할 수 있는, 호환성의, 조화되는

■ compatible theories 양립되는 이론
■ the most compatible married couple 가장 의좋은 부부
■ compatible computer 호환성 컴퓨터

contain [kəntéin] 동 포함하다, 들어있다(= hold), 억제하다(= restrain)

□ This cookie contains preservatives. 이 과자에는 방부제가 첨가되어 있다.
■ hardly contain one's enthusiasm 열정을 억누를 수 없다

advent [ǽdvent] 명 도래, 출현

■ the Second Advent of Christ 그리스도의 재림
■ the advent of new weapons 신무기의 등장

providence [prάvədəns] 명 섭리, 신의 뜻, 신(神)

■ the Providence of God 신의 섭리
□ It is no use quarreling with Providence. 하늘을 원망해 봤자 소용없다.

divine [diváin] 형 신의, 신성한

■ divine protection 신의 가호
•• divinity 명 신성

holy [hóuli] 형 신성한

□ The nun led a holy life. 그 수녀는 성스러운 삶을 보냈다.

theology [θi:άlədʒi] 명 신학

■ theology of liberation 해방신학
■ systematic theology 조직신학
•• theologist 명 신학자

philosophy [filάsəfi] 명 철학

■ take philosophy as one's major 철학을 전공하다
•• philosophic 형 철학적인
•• philosopher 명 철학자

mankind [mænkáind] 명 인류

■ promote the welfare of all mankind 전 인류의 복지를 증진하다
■ the origin of mankind 인류의 기원

anthropology [æ̀nθrəpáⁱlədʒ] 몡 인류학

- cultural anthropology 문화 인류학
- ●● anthropologist 몡 인류학자

planet [plǽnət] 몡 혹성, 행성

- He is alien from another planet. 그는 다른 혹성에서 온 외계인이다.
- Is there life on other planets? 다른 행성에도 생물체가 있을까?
- ●● planetary 혱 혹성의

globe [gloub] 몡 지구

- half the globe away 지구의 반대쪽에서
- ●● global 혱 지구의, 전세계의

creature [krí:tʃər] 몡 생물, 동물, 피조물

- Man is a creature of impulse. 인간은 감정의 동물이다.
- ●● create 됭 창조하다

Antarctic [æntá:r(k)tik] 혱 남극의 몡 남극지방

- an Antarctic expedition 남극 탐험대
- ●● Antarctica 몡 남극대륙

Arctic [á:rktik] 혱 북극의 몡 북극지방

- There is little life in the Arctic. 북극에는 생물이 거의 없다.

continent [kántənənt] 혱 대륙

- the Continent of Asia 아시아 대륙

glacier [gléiʃər] 몡 빙하

- the margin of a glacier 빙하의 끝
- ●● glacial 혱 빙하의, 매우 찬

hemisphere [hémisfìər] 몧 반구

■ the Eastern Hemisphere 동반구

surface [sə́ːrfis] 몧 표면

□ The surface of the road is rough. 길 표면이 울퉁불퉁하다.
■ appear on the surface 표면에 드러나다

antiquity [æntíkwəti] 몧 고대

■ trace back to remote antiquity 태고로 거슬러 올라가다
•• antiquities 몧 유물
•• antique 톙 옛날의, 고풍의 몧 골동품

medieval [mìːdiíːvəl] 톙 중세의

■ medieval literature 중세 문학

feudal [fjúːdl] 톙 봉건제의

□ They tried to break down the feudal social system.
그들은 봉건적인 사회 제도를 타파하려고 했다.
•• feudalism 몧 봉건제도, 봉건주의

government [gʌ́vərnmənt] 몧 정치, 정부

□ The government took a passive action. 정부는 소극적인 조치를 취했다.
•• govern 동 통치하다
•• governmental 톙 정부의

republic [ripʌ́blik] 몧 공화국

□ Our country is an independent republic. 우리나라는 독립 공화국이다.

territory [térətɔ̀ːri] 몧 영토, 지역

■ encroach upon the territory of another country 타국의 영토를 침입하다
■ a trust territory 신탁 통치 지역
•• territorial 톙 영토의

36th day

area [ɛ́əriə] 몡 면적, 지역

□ This area is rich in historic houses. 이 지역은 역사적인 집들이 많다.
■ calculate the surface area of a sphere 구면의 면적을 계산하다
■ a free parking area 무료주차구역
•• areal 혱 면적의, 지역의

region [ríːdʒən] 몡 지역, 지대

■ a region of high rainfall 강우량이 많은 지역
□ This plant grows in alpine regions. 이 식물은 고산 지대에서 난다.
•• regional 혱 지역의

domain [douméin] 몡 영역, 분야

□ That is out of my domain. 그것은 내 영역이 아니다.
■ the domain of science 과학의 영역

metropolis [mitrápəlis] 몡 수도, 중심지

■ the music metropolis of France 프랑스 음악의 중심지
■ a metropolitan subway line map 수도권 전철 노선도
•• metropolitan 혱 수도의, 주요 도시의

local [lóukəl] 혱 지방의

□ That is mere a local custom. 그것은 단지 지방의 관습일 뿐이다.
■ a local color 지방색
•• locality 몡 장소, 위치

sovereign [sávərin] 혱 최고의, 주권을 가진

□ This is a medicine of sovereign virtue. 이것은 탁월한 효능이 있는 약이다.
■ exercise sovereign power 통치권을 행사하다
•• sovereignty 몡 주권

diplomacy [diplóuməsi] 명 외교(술)

□ He has no skill in diplomacy. 그에게는 외교적 수완이 없다.
•• diplomatic 형 외교의, 외교적인

nationality [næ̀ʃənǽləti] 명 국적

□ What's your nationality? 당신의 국적은 어디입니까?
■ a person with dual nationality 이중 국적자

minority [minɔ́:rəti] 명 소수, 소수민족

■ a minority opinion 소수의 의견
■ repress a minority race 소수 민족을 탄압하다

barbarian [bɑ:rbɛ́əriən] 명 야만인 형 야만의

■ make to act like a barbarian 야만인처럼 굴려고 하다
■ a barbaric custom 야만적인 풍습
•• barbaric 형 야만적인(↔ civilized 개화된)

well-being [wélbí:iŋ] 명 복지, 안녕(= welfare)

□ Parents are greatly concerned for their children's well-being.
부모들은 자식들의 안녕에 관심이 크다.

duty [djú:ti] 명 세금, 의무

□ Everybody must do his duty. 누구나 다 자기의 의무를 다해야 한다.
■ impose customs duties 관세를 부과하다

communism [kámjənìzəm] 명 공산주의

■ be infected with communism 공산주의에 물들다
•• communist 명 공산주의자

compel [kəmpél] 동 억지로 시키다, 강요하다

□ They compelled obedience from us. 그들은 우리에게 복종을 강요했다.
•• compulsion 명 강제, 억지

enforce [enfɔ́ːrs] [동] 시행하다, 강요하다(= force)

■ enforce the rules 규칙을 시행하다
■ enforce one's opinion on a child 자기 의견에 따를 것을 아이에게 강요하다

compulsory [kəmpʌ́lsəri] [형] 의무적인, 필수의(↔ optional 선택의)

■ compulsory education course 의무 교육 과정
■ a compulsory subject 필수 과목
•• compel [동] 강요하다

obligation [àbləgéiʃən] [명] 의무

□ There is no cost or obligation. 비용이나 의무 사항은 없습니다.

inevitable [inévitəbəl] [형] 필연적인, 피할 수 없는(= unavoidable)

■ an inevitable conclusion 필연적인 결론
□ The collision was inevitable. 그 충돌은 피할 수 없었다.

oblige [əbláidʒ] [동] 의무를 지우다, 은혜를 베풀다

□ Necessity obliged him to that action. 마지못해 그는 그런 행동을 했다.
□ I'm very much obliged to you. 배려해 주셔서 감사합니다.

abuse [əbjúːz] [동] 남용하다, 학대하다

□ He abused his power. 그는 권력을 남용했다.
■ abuse one's wife 아내를 학대하다

capture [kǽptʃər] [동] 붙잡다, 함락시키다

■ be captured by the enemy 적군에게 사로잡히다
■ capture heart 마음을 사로잡다
■ capture a castle 성을 함락시키다

defeat [difíːt] [동] 패배시키다, 이기다 [명] 패배, 격파

■ defeat an enemy 적을 무찌르다
□ She defeated him at tennis. 그녀는 테니스에서 그를 꺾었다.

plea [pliː] 몡 간청, 탄원

□ He made a plea for mercy. 그는 자비를 애원했다.
•• plead 동 간청하다, 탄원하다

cordial [kɔ́ːrdʒəl] 혱 간곡한, 진심에서 우러나는

□ A cordial invitation is extended to you. 참석해 주시기를 간곡히 바랍니다.
■ a cordial welcome 진심어린 환영

appeal [əpíːl] 동 호소하다, 간청하다 명 호소

□ I'll appeal to the public. 나는 여론에 호소할 것이다.
□ She made an appeal for help. 그녀는 도와달라고 간청했다.

pathetic [pəθétik] 혱 측은한, 애처로운

■ a pathetic sight 애처로운 광경

compassion [kəmpǽʃən] 명 연민, 동정

■ take compassion on 애처롭게 생각하다
•• compassionate 형 인정 많은

bless [bles] 동 은혜를 베풀다, 축복하다

□ God bless you! 당신에게 신의 축복이 있기를!
•• blessing 명 축복
•• blessed 형 축복받은, 행복한

retreat [riːtríːt] 동 물러가다, 퇴각하다(↔ advance 전진하다) 명 후퇴

■ beat a hasty retreat 허둥지둥 퇴각하다

withdraw [wiðdrɔ́ː] 동 물러나다, 인출하다, 철회하다

■ withdraw from public life 공직에서 물러가다
■ withdraw money from a bank 은행에서 돈을 인출하다
■ withdraw an application 신청을 철회하다
•• withdrawal 명 철회, 인출

37th day*

recede [risíːd] 동 물러나다, 멀어지다

□ A ship receded from the shore.
배가 해안에서 멀어져 갔다.
- recess 명 휴식
- recession 명 경기 후퇴, 불경기

dissolve [dizálv] 동 녹이다, 해산하다

- dissolve salt in water 소금을 물에 녹이다
- dissolve an organization 단체를 해산하다
- dissolvent 형 용해력이 있는 명 용해제

emancipate [imǽnsəpèit] 동 해방하다

- emancipate slaves 노예를 해방하다
- emancipation 명 해방
- emancipatory 형 해방의, 석방의

distract [distrǽkt] 동 (주의를) 흩뜨리다, 기분을 전환시키다

- distract one's attention 정신을 흐트러뜨리다
- distract one's mind 관심을 옮기다
- distraction 명 정신이 흐트러짐, 산만

scatter [skǽtər] 동 뿌리다, 살포하다, 흩어지다

- scatter leaflets 전단을 뿌리다
- scatter about in all directions 사방으로 흩어지다
- scatterbrain 명 산만한 사람

disperse [dispə́ːrs] 동 분산시키다

- disperse a crowd 군중을 해산시키다
- dispersion 명 분산

mingle [míŋɡəl] 동 섞다(= mix, blend), 섞이다

- mingle Hangeul with Chinese characters 한글과 한자를 혼용하다
- have mingled feelings of joy and sorrow 희비가 교차하다

discern [disə́:rn] 동 식별하다, 분간하다(= distinguish)

- discern good from evil 선악을 식별하다
- •• discernible 형 식별할 수 있는

discriminate [diskrímənèit] 동 구별하다, 차별하다

- discriminate among synonyms 동의어를 구별하다
- □ Don't discriminate others. 다른 사람을 차별하지 마라.
- •• discrimination 명 구별, 차별

detach [ditǽtʃ] 동 분리하다, 떼어내다

- detach a locomotive from a train 열차에서 기관차를 분리하다
- •• detached 형 공평한, 초연한

divorce [divɔ́:rs] 동 이혼하다(시키다), 분리시키다(= separate) 명 이혼, 분리

- divorce one's husband 남편과 이혼하다
- divorce education from religion 교육과 종교를 분리하다

divide [diváid] 동 나누다, 분할하다

- divide an apple into halves 사과를 반으로 나누다
- divide equally among the three 삼등분하다
- •• division 명 분할, 분배

dispense [dispéns] 동 분배하다, ~ 없이 지내다

- dispense food and clothing to the poor
  빈민에게 식량과 의복을 나누어 주다
- dispense with ceremony 의식을 생략하다
- •• dispensable 형 없어도 되는

allocate [ǽləkèit] 동 할당하다

- allocate a fixed quantity 공출을 할당하다
- •• allocation 명 할당, 배당, 할당량

share [ʃɛər] 동 함께 나누다, 분담하다 명 몫, 분담

□ He shared his lunch with me. 그는 도시락을 나와 함께 나눠 먹었다.
□ She did more than her share of the work.
  그녀는 자신의 몫보다 더 많은 일을 했다.

assign [əsáin] 동 할당하다, 배정하다, 임명하다(= appoint), 정하다(= set)

□ He assigned work to each man. 그는 각자에게 작업을 할당했다.
•• assignment 명 과제, 숙제

allot [əlát] 동 할당하다

■ allot shares to persons 주식을 사람들에게 배당하다
•• allotment 명 할당(량)

allowance [əláuəns] 명 수당, 용돈, 허가

■ an overtime allowance 초과 근무 수당
•• allow 동 주다, 허락하다, 참작하다

delegate [déligèit] 명 대표, 대리인(= representative) 동 대표로서 파견하다, 위임하다

■ delegates from Korea 한국 대표단

appointment [əpɔ́intmənt] 명 임명, 지정, 약속

■ accept an appointment 취임을 수락하다
•• appoint 동 임명하다, 지정하다

entrust [entrʌ́st] 동 맡기다, 위임하다

■ entrust with a grave task 큰 임무를 맡기다
■ entrust with full powers 전권을 위임하다

employ [emplɔ́i] 동 고용하다, 사용하다 명 고용, 일자리

■ employ temporarily 임시 채용을 하다
■ employ violent language 과격한 언사를 쓰다

dismiss [dismís] 동 해고하다(↔ employ 고용하다), 해산하다

■ dismiss without notice 갑자기 해고하다
•• dismissal 명 해고, 추방

retire [ritáiər] 동 은퇴하다, 퇴직하다

■ retire from political life 정계에서 은퇴하다
•• retired 형 은퇴한
•• retirement 명 은퇴

predecessor [prédisèsər] 명 전임자, 전의 것(↔successor 후임자, 후의 것)

■ the decree issued by his predecessor 그의 전임자가 내린 포고령

feat [fiːt] 명 공적, 묘기

■ a diplomatic feat 외교적 위업
■ a prodigious feat 놀랄 만한 묘기

fault [fɔːlt] 명 결점, 과실

□ No man is free from faults. 결점 없는 사람은 없다.
•• faulty 형 결점 있는

flaw [flɔː] 명 결점, 흠

■ a flaw in the system 제도의 결함
■ a flaw in one's character 성격상의 결점

taint [teint] 동 더럽히다, 오염되다 명 오염

■ moral taint 도덕적 부패
□ Meat readily taints in hot weather. 무더운 날씨에는 고기가 썩기 쉽다.

erroneous [iróuniəs] 형 잘못된, 틀린

■ an erroneous conclusion 잘못된 결론
□ It is glaringly erroneous. 그것은 분명히 틀렸다.

38th day*

rebuke [ribjú:k] 동 책망하다, 나무라다(= scold) 명 질책, 책망

- rebuke a person for his carelessness   그의 부주의를 나무라다
- a stinging rebuke   신랄한 비난
- administer a rebuke   꾸짖다
- •• **rebukingly** 부 비난하듯

reprove [riprú:v] 동 꾸짖다, 나무라다(= scold)

- □ He reproved her for telling lies.   그는 그녀를 거짓말한다고 꾸짖었다.
- reprove for his bad manners   버릇없다고 나무라다

deprive [dipráiv] 동 박탈하다

- deprive of his right   그의 권리를 박탈하다
- •• **deprivation** 명 탈취, 박탈
- •• **deprival** 명 박탈

condemn [kəndém] 동 비난하다, 선고하다

- □ Condemn the offense and not its perpetrator.
  죄는 미워하되 사람은 미워하지 마라.
- condemn to death   사형을 선고하다
- •• **condemnation** 명 비난, 유죄선고

console [kənsóul] 동 위로하다(= comfort)

- console in his misfortune   불행을 위로하다
- console the spirit of the deceased   망자의 영혼을 달래다
- •• **consolation** 명 위로, 위안

solace [sáləs] 명 위안(= consolation)

- seek solace in religion   종교에서 위안을 구하다
- take solace in   ~을 위안으로 삼다

profess [prəfés] 동 공언하다, ~라고 지칭하다

- profess oneself to be a lawyer 변호사라고 자칭하다
- •• profession 명 공언, 직업

publish [pʌ́bliʃ] 동 출판하다, 발표하다

- publish in a serial form 시리즈로 출판하다
- publish the results of one's research work 연구 결과를 발표하다

mission [míʃən] 명 임무, 사명, 전도

- on an important mission 중요한 사명을 띠고
- •• missionary 명 선교사 형 전도의

confer [kənfə́ːr] 동 주다, 수여하다, 협의하다

- confer a doctorate on 박사 학위를 수여하다
- They conferred at great length last night. 그들은 지난밤 오래도록 상의했다.

provide [prəváid] 동 ~을 주다, 준비하다

- Milk provides good nutrition. 우유는 좋은 영양을 공급해 준다.
- provide against emergencies 유사시에 대비하다
- •• provision 명 준비, 식량

afford [əfɔ́ːrd] 동 주다, 여유가 있다

- Reading affords me great pleasure. 독서는 나에게 큰 즐거움을 준다.
- He can't afford to buy a motorcar. 그는 자동차를 살 여유가 없다.

undergo [ʌndərgóu] 동 받다, 경험하다

- undergo a medical inspection 건강 진단을 받다
- undergo changes 여러 가지 변화를 겪다

enroll [enróul] 동 등록하다, 등재하다

- enroll in college 대학 입학 절차를 밟다
- •• enrollment 명 등록, 등록자수

register [rédʒəstər] 동 등록하다, 표시하다(= indicate)

- register one's marriage 혼인 신고를 하다
- enter name in school register 학적부에 올리다

entitle [entáitl] 동 부르다, 권리를 주다

- At the age of 20 we are entitled to vote. 20세에 우리는 투표권이 부여된다.

summon [sʌ́mən] 동 호출하다, 소환하다, (용기 등을) 내다

- be summoned as a witness 증인으로 소환되다
- summon up one's courage 용기를 내다

award [əwɔ́ːrd] 동 주다, 수여하다 명 상, 상품

- A gold medal was awarded to the winner. 우승자에게 금메달이 수여되었다.
- the Best Actress award 최우수 여배우상

prize [praiz] 동 소중히 하다 명 상, 상품

- prize freedom more than life 생명보다 자유를 존중하다
- a Nobel prize for peace 노벨 평화상

merchandise [mə́ːrtʃəndàiz] 명 상품

- deal in various lines of merchandise 각종 상품을 취급하다
- •• merchant 명 상인

commit [kəmít] 동 범하다, 약속하다, 맡기다

- commit a crime 범죄를 저지르다
- commit a child to care 어린애를 맡기다
- •• committed 형 믿음이 확고한

procedure [prəsíːdʒər] 명 절차

- It is just a matter of procedure. 그것은 단지 절차상의 문제이다.

oath [ouθ] 몡 맹세, 선서

- keep one's oath 맹세를 지키다
- take the oath of office 취임을 선서하다

swear [swɛər] 똉 맹세하다, 욕을 하다(= curse)

- swear not to touch drinks 금주를 맹세하다
- Don't swear in front of the children. 아이들 앞에서 욕하지 마라.

vow [vau] 똉 서약하다 몡 서약, 맹세

- be loyal to a vow 맹세를 충실히 지키다

reserve [rizə́:rv] 똉 남겨 두다, 예약하다

- reserve one's strength for the final 결승전을 위해 힘을 남겨 놓다
- reserve a seat on a plane 비행기의 좌석을 예약하다
- • reservation 몡 예약

engagement [engéidʒmənt] 몡 약속, 약혼

- have a previous engagement 선약이 있다
- announce the engagement 약혼을 발표하다
- • engage 똉 약속하다, 종사하다

celebrate [séləbrèit] 똉 축하하다

- celebrate the New Year 신년을 축하하다
- • celebration 몡 축하

bunch [bʌntʃ] 몡 다발(= bundle) 똉 다발로 만들다

- sell by the bunch 묶음으로 팔다

bundle [bʌ́ndl] 몡 다발, 꾸러미 똉 다발로 묶다, 꾸러미로 만들다

- I sent him a bundle of white roses. 나는 그에게 흰 장미 한 다발을 보냈다.
- The books were tied up in bundles of twenty.
  책을 20권씩 꾸러미로 묶었다.

39th day *

souvenir [sùːvəníər] 명 기념품, 선물

- keep as a souvenir 기념품으로 갖고 있다
- a souvenir shop 기념품 가게

object [ábdʒikt] 명 물건, 대상, 목적 동 반대하다

- a precious object 값진 물건
- become an object of envy 선망의 대상이 되다
- pursue one's object 목적을 추구하다
- I object to your opinion. 나는 당신의 의견에 반대합니다.

portable [pɔ́ːrtəbl] 형 휴대할 수 있는, 휴대용의

- I have a portable computer. 나에게는 휴대용 컴퓨터가 한 대 있다.
- be of conveniently portable size 휴대하기 편리한 크기다
- •• portability 명 휴대할 수 있음

monument [mánjəmənt] 명 기념비, 기념물

- erect a monument 기념비를 세우다
- a natural monument 천연 기념물
- •• monumental 형 기념비적인, 불후의

treat [triːt] 동 다루다, 대접하다 명 대접, 환대

- treat carefully 조심스레 다루다
- I treated them to dinner. 나는 그들에게 저녁을 대접했다.
- •• treatment 명 대우, 치료

introduce [ìntrədjúːs] 동 소개하다, 도입하다

- Let me introduce my brother to you. 제 동생을 소개하겠습니다.
- introduce technological know-how from overseas
  외국의 기술을 도입하다
- •• introduction 명 소개, 도입, 서문

befall [bifɔ́ːl] 동 일어나다, 닥치다(= happen to)

- a misfortune befalls 재난이 닥치다

confront [kənfrʌ́nt] 동 직면하다(= face)

- She finally confronted her accuser. 그녀는 마침내 고소인과 마주했다.
- He was confronted with a difficult question. 그는 어려운 문제에 직면하였다.

shy [ʃai] 형 수줍어하는

- be too shy to speak 숫기가 없어 말도 못하다
- a shy smile 수줍은 미소

ashamed [əʃéimd] 형 부끄러워하는

- A man must be ashamed of it. 그것은 사나이의 수치다.
- I'm ashamed of my folly. 나는 내 어리석은 짓을 부끄러워하고 있다.

awkward [ɔ́ːkwərd] 형 곤란한, 난처한, 어색한

- an awkward situation 난처한 처지
- I feel awkward with her. 그녀와 같이 있으면 어색해진다.

reluctant [rilʌ́ktənt] 형 마지못해 하는, 꺼리는(= unwilling)

- He is reluctant to go there. 그는 거기에 가는 것을 꺼리고 있다.
- ●● reluctance 명 마지못해 함

confound [kənfáund] 동 혼동하다(= confuse)

- confound right and wrong 옳고 그름을 혼동하다
- confound liberty with license 자유와 방종을 혼동하다

deny [dinái] 동 부인하다, 부정하다, 거절하다(= refuse)

- deny to admit one's crime 범행을 부인하다
- deny the rumor 소문을 부정하다
- deny a request 요청을 거절하다
- ●● denial 명 부인, 부정, 거부

grudge [grʌdʒ] 图 아까워하다, ~하기 싫어하다

- grudge the time   시간을 아까워하다
- I grudge going.   나는 가고 싶지 않다.

defy [difái] 图 무시하다, 도전하다

- defy public opinion   여론을 무시하다
- defy one's parents   부모에게 반항하다
- •• defiant 图 반항적인, 도전적인

disregard [dìsrigá:rd] 图 무시하다(= ignore, neglect)

- She disregarded my warnings.   그녀는 나의 경고를 무시했다.

alert [əlá:rt] 图 방심하지 않는(= watchful)

- be on the alert   빈틈없이 경계하다

overlook [òuvərlúk] 图 내려다보다, 간과하다, 못 본 체하다

- It overlooks the park.   공원이 내려다보인다.
- He is overlooking a detail.   그는 세부 사항을 간과하고 있다.

countenance [káuntənəns] 图 얼굴, 얼굴 표정

- a sinister countenance   험상궂은 얼굴
- a forbidding countenance   무서운 표정

rejoice [ridʒɔ́is] 图 기뻐하다

- rejoice in one's recovery   회복을 기뻐하다

delight [diláit] 图 기쁨 图 기쁘게 하다

- Her face beamed with delight.   그녀의 얼굴은 기쁨으로 빛났다.
- delight one's parents   부모를 기쁘게 하다
- •• delightful 图 기쁜, 즐거운

bliss [blis] 몡 더 없는 행복, 환희

- appreciate the bliss of health   건강의 고마움을 알다
- •• blissful   혱 더없이 행복한

rear [riər] 동 기르다, 세우다 혱 후방의 몡 후방

- rear at the breast   모유로 기르다
- rear a ladder   사다리를 세우다
- move off to the rear   뒤로 물러서다

raise [reiz] 동 기르다, 모집하다, 올리다

- raise children   아이들을 키우다
- raise members   회원을 모집하다
- raise the quality   품질을 높이다

nourish [nə́ːriʃ] 동 자양분을 주다, 기르다

- Milk nourishes a baby.   우유는 아기의 영양이 된다.
- nourish one's spirits   호연지기를 기르다
- •• nourishment   몡 자양분

wholesome [hóulsəm] 혱 건강에 좋은, 건전한(↔ unwholesome 불건전한)

- Jogging is a wholesome exercise.   조깅은 건강에 좋은 운동이다.
- wholesome books   건전한 도서

fit [fit] 혱 건강에 좋은, ~에 적합한 몡 발작

- This is what I do to keep fit.   이것이 나의 건강법이다.
- He is fit for the job.   그는 그 일에 적임이다.
- have a fit   발작을 일으키다

moderate [mádərət] 혱 적당한, 온당한(↔ extreme 극단적인)

- moderate exercise   적당한 운동

appropriate [əpróuprièit] 혱 적당한, 적절한

- an appropriate act   적절한 행동

40th day *

pertinent [pə́:rtənənt] 형 적절한(↔ impertinent 적절치 못한), 관련 있는

- a pertinent criticism 적절한 비평
- pertinent information 적절한 정보
- ●● pertinency 명 적절, 적당

plausible [plɔ́:zəbəl] 형 그럴듯한(= believable)

- a plausible excuse 그럴듯한 핑계
- sound plausible 그럴듯하게 들리다
- ●● plausibility 명 그럴듯함, 그럴듯한 일

equal [íːkwəl] 형 감당할 수 있는, 같은, 평등한 동 ~와 같다

- I am not equal to the task. 그 일은 나에게는 무리이다.
- equal an elephant in size 크기가 코끼리와 같다
- Everybody is equal before the law. 법 앞에서는 만인이 평등하다.

nutrition [njuːtríʃən] 명 영양분

- Good nutrition is important for good health.
  충분한 영양 섭취는 건강에 중요하다.
- ●● nutritious 형 영양분이 풍부한

relish [réliʃ] 명 풍미(= flavor), 맛, 흥미 동 즐기다, 좋아하다

- lose all relish for one's food 식욕을 완전히 잃다
- relish poems 시를 음미하다
- ●● relishable 형 맛있는, 재미있는

flavor [fléivər] 명 맛, 풍미

- have a sweet flavor 맛이 달콤하다
- Lemon adds flavor to tea. 레몬은 홍차의 풍미를 더해 준다.
- ●● flavoring 명 맛내기, 조미료

scent [sent] 명 냄새

■ shed a sweet scent 좋은 냄새를 풍기다
□ The orange has a scent all its own. 오렌지에는 그 독특한 향기가 있다.

beverage [bévəridʒ] 명 음료

■ alcoholic beverages 알코올성 음료
■ a refreshing beverage 청량음료

taste [teist] 명 맛, 취미, 기호, 멋

■ an unpleasant taste 좋지 않은 맛
■ a taste for odd things 별난 취미
■ be to one's taste 기호에 맞다

delicious [dilíʃəs] 형 맛있는

□ Milk is delicious when it's cold. 우유는 차가울 때 맛있습니다.

bent [bent] 명 경향, 좋아함 형 구부러진, 열중한

□ have a bent for music 음악을 좋아하다
□ The river bent toward the west. 강은 서쪽으로 굽어 있었다.
□ He is bent upon learning English. 그는 영어 공부에 대단히 열심이다.
●● bend 동 구부리다, (마음을) 쏟다

adore [ədɔ́ːr] 동 아주 좋아하다, 숭배하다

□ I adore baseball. 나는 야구를 매우 좋아한다.
●● adoration 명 동경, 숭배

ardent [áːrdənt] 형 열렬한(= enthusiastic)

■ an ardent patriot 열렬한 애국자
■ ardent love 열정적인 사랑

desire [dizáiər] 동 바라다, 원하다 명 욕구

□ We all desire success. 우리는 모두 성공을 바란다.
■ a desire for fame 명예욕

keen [kiːn] 형 날카로운, 예민한

- a man of keen insight 날카로운 통찰력을 지닌 사람
- have a keen sense of hearing 청각이 예민하다
- ●● keenly 부 날카롭게, 예민하게

eager [íːgər] 형 열망하는, 간절히 바라는, 열심인

- She was very eager to meet me. 그녀는 나를 몹시 만나고 싶어 했다.
- an eager student 열심히 공부하는 학생

aspire [əspáiər] 동 열망하다

- aspire to literary success 문학적인 성공을 열망하다
- ●● aspiration 명 열망, 포부

beloved [bilʌ́vid] 형 매우 사랑하는, 귀여운

- one's beloved homeland 사랑하는 조국
- He is beloved by all. 그는 모든 사람에게 귀염을 받고 있다.

fancy [fǽnsi] 명 공상, 좋아함 형 별난 동 생각하다

- take a fancy to walking 걷는 것이 좋아지다
- indulge in idle fancies 공상에 잠기다

curiosity [kjùəriásəti] 명 호기심

- stimulate curiosity 호기심을 자극하다
- ●● curious 형 호기심 많은

naughty [nɔ́ːti] 형 장난꾸러기인, 버릇없는

- The naughty boy pulled the cat by the tail.
  그 장난꾸러기가 고양이 꼬리를 잡아당겼다.
- spank a naughty child 버릇없는 아이를 찰싹 때리다

mischief [místʃif] 명 장난, 위해

- eyes beaming with mischief 장난기 어린 눈
- inflict great mischief on the community 사회에 큰 해악을 끼치다
- ●● mischievous 형 장난을 좋아하는, 해로운

illusion [ilúːʒən] 명 환상, 착각(↔ disillusion 환멸, 각성)

- a sweet illusion 달콤한 환상
- have an illusion 착각을 일으키다
- illusionary 형 환상의, 착각의

reverie [révəri] 명 몽상(= daydream)

- fall into a reverie 몽상에 잠기다

miracle [mírəkəl] 명 기적

- A miracle rarely happens. 기적은 드물게 일어난다.
- miraculous 형 기적적인

imaginary [imǽdʒənèri] 형 가상의, 가공의

- an imaginary society 가상의 세계
- imaginative 형 상상력이 풍부한(↔ unimaginative)

benefactor [bénəfæ̀ktər] 명 은인(↔ malefactor 악인), 후원자

- an anonymous benefactor 익명의 독지가

company [kʌ́mpəni] 명 친구, 손님, 회사

- avoid bad company 나쁜 친구와의 교제를 피하다
- We are having company for the weekend. 주말에 손님이 온다.
- He recommended me to the company. 그는 나를 그 회사에 추천했다.

intimate [íntəmit] 형 친밀한, 친한

- be on intimate terms 친하게 지내다
- intimacy 명 친밀, 친교

amiable [éimiəbəl] 형 상냥한, 붙임성 있는(= likable)

- do the amiable 상냥하게 행동하다
- an amiable character 붙임성 있는 성격

41st day *

favor [féivər] 명 호의, 찬성 동 호의를 보이다, 찬성하다, 돕다

- acknowledge a favor 호의에 감사하다
- favor a proposal 제안에 찬성하다
- •• favorable 형 유리한, 호의적인
- •• favorite 형 좋아하는 명 좋아하는 것(사람)

regard [rigá:rd] 명 안부 동 간주하다

- Give my regards to your family. 가족들에게 안부 전해 주십시오.
- be regarded as not valid 무효로 간주되다

hospitality [háspitǽləti] 명 환대

- profuse hospitality 극진한 환대
- •• hospitable 형 환대하는

praise [preiz] 동 칭찬하다 명 칭찬

- praise to the skies 극구 칭찬하다
- profuse praise 아낌없는 칭찬
- •• praiseworthy 형 칭찬할 만한

admiration [ædməréiʃən] 명 감탄, 칭찬

- be moved to admiration by his generosity 그의 아량에 감탄하다
- efforts deserving of admiration 칭찬을 받을 만한 노력
- •• admire 동 감탄하다, 칭찬하다

prime [praim] 형 제일의, 최상의 명 전성기

- a matter of prime importance 가장 중요한 일
- His prime concern is the peace of the world.
  그의 최대 관심사는 세계 평화이다.
- Apples are just now in their prime. 사과는 지금 한창이다.

utmost [ʌ́tmòust] 형 최대의, 극도의 명 극도, 극한

□ I have used my utmost endeavors. 나는 최선의 노력을 다했다.
■ a matter of utmost concern 극도의 중요한 사건

maximum [mǽksəməm] 명 최대(↔ minimum 최소) 형 최대한의

■ the maximum limit 최대한도
■ the maximum amount of effort 최대한의 노력

abound [əbáund] 동 풍부하다

■ abound in marine products 수산물이 풍부하다
●● abundant 형 풍부한

abundant [əbʌ́ndənt] 형 풍족한, 풍부한(= plentiful)

■ abundant resources 풍부한 자원
●● abundance 명 풍족, 풍부

fertile [fə́:rtl] 형 비옥한, 다산의, 창의력이 풍부한

■ make barren soil fertile 황무지를 옥토로 만들다
□ He is fertile of originality. 그는 독창성이 풍부하다.

enrich [enrítʃ] 동 풍부하게 하다(= make rich)

□ Art enriches our spirit. 예술은 우리의 영혼을 풍요롭게 해준다.

affluent [ǽflu(:)ənt] 형 풍요한

■ an affluent family 유복한 가정
■ an affluent society 풍족한 사회

sufficient [səfíʃənt] 형 충분한(↔ insufficient 불충분한, deficient 모자라는)

□ I have sufficient information. 나는 충분한 자료를 가지고 있다.
●● suffice 동 충분하다, 만족시키다

ample [ǽmpl] 혱 충분한, 넉넉한(= sufficient)

- an ample income 충분한 수입
- a person of ample stock of topics 화제가 풍부한 사람
- •• amplify 동 확대하다

scanty [skǽnti] 혱 불충분한, 빈약한(↔ ample, plentiful 풍부한)

- subsist upon scanty food 근소한 식량으로 살아나가다
- scanty knowledge 빈약한 지식

slender [sléndər] 혱 날씬한(↔ stout 뚱뚱한), 빈약한

- a slender waist 날씬한 허리
- The evidence is slender. 증거가 빈약하다.

devoid [divɔ́id] 혱 ~이 없는(= destitute), 결여된(= lacking)

- a person devoid of humor 유머가 없는 사람
- be devoid of reason 이성이 결여되다

scarce [skɛərs] 혱 부족한, 모자라는

- be scarce of food 식량이 모자라다
- •• scarcity 명 부족, 결핍

vacant [véikənt] 혱 비어있는(= empty)

- a vacant position 공석인 자리
- a vacant expression 멍한 표정
- •• vacancy 명 공허, 결원

surmount [sərmáunt] 동 극복하다(= overcome)

- surmount difficulties 어려움을 극복하다

tolerable [tálərəbəl] 혱 견딜 수 있는(↔ intolerable), 꽤 좋은, 상당한

- The heat was tolerable at night. 밤에는 더위가 견딜 만했다.
- •• tolerant 혱 관대한
- •• tolerate 동 너그럽게 보아주다, 참다

firm [fə:rm] 웹 견고한, 단호한 웹 회사, 상사

- take a firm attitude 강경한 태도를 취하다
- an electrical products firm 전기 제품 회사

solid [sálid] 웹 고체의(↔ liquid 액체의), 견고한, 순수한 웹 고체

- be in a solid state 고체 상태
- The building has a solid foundation. 그 건물은 기초가 튼튼하다.
- ●● solidity 명 단단함

liquid [líkwid] 웹 액체의 웹 액체

- liquid soap 물비누
- pass from a solid to a liquid state 고체에서 액체로 변하다

perpetual [pərpétʃuəl] 웹 영속하는, 끊임없는

- the secret of perpetual youth 불로장생의 비결
- ●● perpetually 부 영원히, 끊임없이

incessant [insésənt] 웹 끊임없는(= constant)

- an incessant noise 끊임없는 소음

steady [stédi] 웹 굳건한, 끊임없는, 변함없는

- a steady faith 확고한 신념
- steady efforts 꾸준한 노력
- steady friendship 변함없는 우정

transform [trænsfɔ́:rm] 통 바꾸다, 일변시키다

- transform electricity into mechanical energy 전기를 기계 에너지로 바꾸다
- ●● transformation 명 변형

exchange [ikstʃéindʒ] 통 교환하다 명 교환

- have an article exchanged for another 다른 물건으로 바꾸다
- value in exchange 교환 가치

42nd day*

revise [riváiz] 동 개정하다

□ This book has been completely revised. 이 책은 전면 개정되었다.
●● revision 명 개정, 수정

modify [mádəfài] 동 수정하다, 고치다, 완화하다

■ modify a condition 조건을 수정하다
□ You'd better modify your tone. 목소리를 낮춰서 말하는 게 좋겠다.
●● modification 명 수정, 변경, 완화

better [bétər] 동 개선하다(= improve), 향상시키다 형 더 좋은

■ better working conditions 노동 조건을 더욱 개선하다
□ The sooner, the better. 빠를수록 더 좋다.
●● betterment 명 개량, 개선

repair [ripέər] 동 수리하다 명 수리

■ repair a house 집을 수리하다
■ auto repair shop 자동차 수리 공장
●● repairman 명 수리공

transition [trænzíʃən] 명 변천, 변화, 과도기

■ a sudden transition from autocracy to democracy
  독재 정치로부터 민주 정치로의 급격한 이행
□ We are in a time of transition. 우리는 과도기에 있다.
●● transitional 형 과도적인

consistent [kənsístənt] 형 일관성 있는(↔ inconsistent)

■ a consistent[coherent] policy 일관된 정책
■ a consistent attitude 한결같은 태도
●● consistency 명 일관성

uniform [júːnəfɔ̀ːrm] [형] 균일한, 획일적인

□ They are of a uniform price. 값은 균일합니다.
●● uniformity [명] 균일성, 획일

fixed [fikst] [형] 고정된, 일정한

■ a custom fixed by the tradition 전통으로 확립된 습관
■ have no fixed abode 주소가 일정하지 않다

fluid [flúːid] [명] 유체, 유동체 [형] 유동하는

□ Water and mercury are fluids. 물과 수은은 유동체이다.
□ The situation is still highly fluid. 정세는 아직도 매우 유동적이다.

proceed [prousíːd] [동] 나아가다, 계속하다(= carry on)

■ proceed step by step 단계를 밟아 나아가다
■ proceed on one's journey 여행을 계속하다
●● procedure [명] 절차, 순서

advance [ədvǽns] [동] 나아가다, 발전시키다

■ advance in culture 문화가 진보하다
●● advancement [명] 전진, 진보

campaign [kæmpéin] [명] (목적을 위한) 운동

■ a peace campaign 평화 운동

growth [grouθ] [명] 성장, 발전

□ Sunlight is needed for plant growth. 식물의 성장에는 햇빛이 필요하다.
■ the rapid growth of cities 도시의 급격한 발전
●● grow [동] 성장하다

flourish [flə́ːriʃ] [동] 번창하다

■ flourish for a while 한때 번창하다

thrive [θraiv] 동 번성하다, 무성하다

- one's trade thrives 사업이 번성하다

develop [divéləp] 동 발달하다(시키다), 개발하다

- develop the powers latent within one 잠재력을 발달시키다
- develop petroleum resources 석유 자원을 개발하다
- •• development 명 발달, 개발

retain [ritéin] 동 계속 유지하다(=keep), 존속하다

- retain an old custom 옛 관습을 존속시키다
- •• retention 명 보유, 유지

guard [gɑːrd] 동 지키다, 조심하다 명 경계, 수위

- The man is guarding the doorway. 남자가 출입구를 지키고 있다
- guard against errors 실수하지 않도록 주의하다
- relax one's guard 경계를 늦추다

heed [hiːd] 동 주의하다 명 주의(= attention)

- heed a warning 경고에 주의하다
- •• heedful 형 주의 깊은(= attentive, careful)

adhere [ædhíər] 동 고수하다(= stick to), 집착하다

- adhere to one's opinion 자기의 주장을 고수하다
- •• adherence 명 고수, 집착

continue [kəntínjuː] 동 계속하다, 속행하다

- He continued his study of English. 그는 영어 공부를 계속했다.
- continue debates 토의를 속행하다
- •• continuous 형 계속적인

sustain [səstéin] 동 유지하다, 지탱하다

- sustain one's life 목숨을 부지하다
- •• sustenance 명 유지

consecutive [kənsékjətiv] 형 연속적인, 계속되는

■ for three consecutive years 3년간 계속하여

succession [səkséʃən] 명 연속, 계승

□ Traffic accidents occurred in succession. 교통사고가 연이어 일어났다.
■ renounce the right of succession 상속권을 포기하다

sequence [síːkwəns] 명 연속

□ The sequence of events led up to the war.
일련의 사건들이 전쟁을 야기했다.
●● sequential 형 연속하는

certain [sə́ːrtən] 형 확실한(↔ uncertain), 정해진, 특정한, 어떤

□ It is certain that he will succeed. 그가 성공할 것은 확실하다.
●● certainly 부 확실히
●● certainty 명 확실함, 확신

plain [plein] 형 분명한(= clean), 쉬운(= simple), 보통의(= common)

□ The meaning is quite plain. 그 뜻은 아주 분명하다.
■ be conceived in plain terms 쉬운 말로 표현되어 있다

specific [spəsífik] 형 특정한(↔ general), 명확한, 구체적인

■ with no specific aim 이렇다 할 분명한 목적도 없이
□ Be as specific as possible. 가능한 한 그것을 구체적으로 만들어라.

patent [pǽtənt] 명 특허 형 명백한(= evident)

■ apply for a patent 득허를 출원하다
■ a patent mistake 명백한 잘못

manifest [mǽnəfèst] 형 명백한(= evident) 동 명시하다

□ It's manifest at a glance. 일목요연하다.
●● manifestation 명 명시, 표명

43rd day*

due [djuː] 톙 당연한, 도착할 예정인 붕 똑바로, 정확히(= exactly)

□ It is due to him to help his sister. 누이를 돕는 것은 그의 당연한 의무이다.
□ The train is due at 7:30 p.m. 그 기차는 오후 7시 반에 도착할 예정이다.
■ go through due formalities 정식으로 절차를 밟다

steadfast [stédfæst] 톙 확고한, 불변의, 꿋꿋한

■ a man of steadfast faith 확고한 신념의 사람
■ remain steadfast in one's faith 한결같이 믿음을 지키다
●● steady 톙 확고한

permanent [pə́ːrmənənt] 톙 영원한, 불변하는

■ permanent value 영구적 가치
■ establish permanent peace 영원한 평화를 확립하다
●● permanence 톙 영구, 영속성

assure [əʃúər] 톸 확신시키다, 장담하다

□ I assure you, it is true. 그것이 사실이라는 것은 내가 보증한다.
●● assurance 톙 확신, 장담

confirm [kənfə́ːrm] 톸 확실하게 하다, 확인하다

■ confirm one's determination 결의를 굳게 하다
■ confirm one's reservation 예약을 확인하다
●● confirmation 톙 확정, 확인

illustrate [íləstrèit] 톸 설명하다, 예증하다, 삽화를 넣다

□ The chart illustrates how the body works.
  그 그림은 신체의 기능을 설명하고 있다.
■ illustrate a book 책에 삽화를 넣다
●● illustration 톙 설명, 삽화

demonstrate [démənstrèit] 동 논증하다, 설명하다

- demonstrate a theory 학설을 증명하다
- demonstration 명 증명, 설명, 시위

ascertain [æsərtéin] 동 확인하다, 규명하다(= find out)

- ascertain the number 개수를 확인하다
- ascertain the truth 진실을 규명하다

certify [sə́:rtəfài] 동 증명하다, 보증하다

- I certify that he is a diligent student. 그가 착실한 학생임을 보증합니다.
- certificate 명 증명서

testimony [téstəmóuni] 명 증언, 증거(= proof)

- give testimony in court 법정에서 증언하다
- present testimony 증거를 제출하다

token [tóukən] 명 표시, 증거 형 이름뿐인(= nominal), 형식적인

- I gave a gift to the teacher in token of my gratitude.
  감사의 표시로 선생님께 선물을 드렸다.

guarantee [gæ̀rəntí:] 동 보증하다(= warrant), 약속하다 명 보증, 보증인

- guarantee the quality 품질을 보증하다
- guarantee the freedom of speech 언론의 자유를 보장하다

warrant [wɔ́(:)rənt] 동 정당화하다, 보증하다, 장담하다

- without warrant 정당한 이유 없이
- I warrant that the sum shall be paid. 그 금액을 꼭 지불하겠다.

verify [vérəfài] 동 입증하다

- The hypothesis was verified. 그 가설은 검증되었다.

permit [pə:rmít] 동 허락하다, 허용하다 명 [pə́:rmit] 면허증

□ Permit me to go. 가는 것을 허락해 주십시오.
●● permission 명 허가

leave [li:v] 명 허가, 휴가 동 ~하게 두다, 떠나다

□ You have my leave to act as you like. 내가 허락하겠으니 좋을 대로 해라.
□ May I have leave of absence tomorrow? 내일 휴가를 얻을 수 있겠습니까?

entrance [éntrəns] 명 입구, 입장, 입학

■ the entrance to a tunnel 터널 입구
□ Entrance is gratis. 입장 무료.
■ entrance examination questions 입학시험 문제

accept [æksépt] 동 받아들이다, 수락하다

□ Do you accept credit cards? 신용카드 받나요?
●● acceptable 형 받아들일 수 있는
●● acceptance 명 수락, 승인

receptive [riséptiv] 형 잘 받아들이는, 감수성이 예민한

□ He is receptive to new ideas. 그는 새로운 생각을 잘 받아들인다.

accommodate [əkámədèit] 동 수용하다, 숙박시키다

□ The hotel can accommodate up to 500 guests.
그 호텔은 손님을 500명까지 수용할 수 있다.
●● accommodations 명 숙박시설

available [əvéiləbəl] 형 이용할 수 있는, 입수할 수 있는

□ Bookings are still available for that flight. 그 항공편은 지금도 예약이 된다.
□ Available from all good pharmacies. 어느 약국에서나 구하실 수 있습니다.
●● availability 명 유용성, 입수 가능

concede [kənsí:d] 동 인정하다, 양보하다, 허락하다

■ concede one's defeat 패배를 인정하다
■ concede to without self-interest 깨끗이 양보하다
●● concession 명 양보

grant [grænt] 동 허가하다, 주다

- grant shore leave 상륙을 허가하다
- grant citizenship to 시민권을 주다

uphold [ʌphóuld] 동 지지하다, 돕다

- uphold the majesty of the law 법의 존엄을 지키다
- •• upholder 명 지지자

support [səpɔ́:rt] 동 지지하다, 지탱하다, 부양하다

- support a policy 정책을 지지하다
- support with a post 기둥을 받치다
- support one's parents 부모를 부양하다

assent [əsént] 명 동의 동 동의하다

- give a nod of assent 머리를 끄덕여 동의를 표시하다
- •• assentation 명 동의

consent [kənsént] 동 동의하다, 승낙하다 명 동의

- consent to the marriage 결혼을 승낙하다
- □ Silence gives consent. 침묵은 동의를 뜻한다.
- •• consentience 명 의견일치, 동의

accordance [əkɔ́:rdəns] 명 일치, 조화

- in accordance with custom 관례에 따라서
- •• accord 명 일치(↔ discord 불일치)

correspond [kɔ̀:rəspánd] 동 일치하다, 대응하다, 서신왕래하다

- □ His words and actions do not correspond.
  그의 말과 행동은 일치하지 않는다.
- □ He wishes to correspond with her. 그는 그녀와 소식을 주고받기를 원한다.
- •• correspondence 명 대응, 일치, 통신

coincide [kòuinsáid] 동 일치하다, 동시에 일어나다

- □ The ideal and the real never coincide. 이상과 실제는 결코 일치하지 않는다.
- •• coincidence 명 일치

44th day*

simultaneous [sàiməltéiniəs] 형 동시의

■ simultaneous interpretation 동시통역
•• simultaneity 명 동시, 동시성

disapprove [dìsəprú:v] 동 동의하지 않다(↔ approve), 찬성하지 않다

□ I wholly disapprove of your action.
  나는 당신의 행동에 전적으로 찬성하지 않는다.
■ a certain shade of disapproval 불찬성의 기미
•• disapproval 명 불승인, 불찬성

disagree [dìsəgrí:] 동 (의견이) 일치하지 않다, 다르다(= differ)

□ He always disagrees with me. 그와 나는 언제나 의견이 맞지 않는다.
□ Pork always disagrees with me. 돼지고기는 내 체질에 맞지 않는다.
•• disagreement 명 불일치, 불화

differ [dífər] 동 다르다

□ Opinions differ in these matters. 이 문제에 관한 의견들이 다르다.
•• different 형 다른
•• difference 명 차이

odds [ɑdz] 명 차이, 승산, 가망성

□ The odds are fifty-fifty. 승산은 반반이다.
□ The odds are against me. 이길 가망성이 없다.

reverse [rivə́:rs] 형 반대의, 거꾸로 된 명 반대(= opposite) 동 뒤집다, 번복하다

□ Put the car into reverse. 차를 후진시켜라.
■ reverse the order 순서를 거꾸로 하다
■ reverse a judgment 판결을 뒤집다
•• reversal 명 반전

converse [kənvə́ːrs] [형] 정반대의 [명] 반대 [동] 대화하다

□ The converse is not always true. 역이 반드시 참은 아니다.
■ converse in English 영어로 대화하다
●● conversation [명] 대화

contrary [kántreri] [형] 반대의 [명] 반대

■ an act contrary to morality 인륜에 어긋나는 행위
□ Dreams go by contraries. 꿈은 반대로 풀이된다.
●● contrariety [명] 반대, 불일치

otherwise [ʌ́ðərwàiz] [부] 그렇지 않으면, 다른 방법으로

□ Otherwise he might have won. 조건이 달랐더라면 그는 이겼을지도 모른다.
■ an otherwise happy life 다른 점에서 보면 행복한 삶

abrupt [əbrʌ́pt] [형] 돌연한, 갑작스런, 퉁명스러운

□ I was dazed at his abrupt question. 돌연한 질문에 얼떨떨했다.
□ He has a very abrupt manner. 그는 태도가 매우 무뚝뚝하다.

fortune [fɔ́ːrtʃən] [명] 운, 행운, 재산

□ His fortunes are declining. 그의 운도 내리막이다.
□ He is an heir to a large fortune. 그는 많은 재산의 상속인이다.
●● fortunate [형] 운 좋은(↔ misfortune 불운)

estate [istéit] [명] 재산, 지위

■ have charge of estate 남의 재산을 관리하다
●● estated [형] 재산이 있는

asset [ǽset] [명] 자산, 강점

□ Knowledge is an intangible asset. 지식은 무형의 자산이다.
□ Sociability is a great asset to a salesman.
외판원에게 사교성은 커다란 강점이 된다.

fund [fʌnd] [명] 자금

□ Lack of funds halted the work. 자금 부족으로 공사가 중단되었다.

budget [bʌ́dʒit] 명 예산, 예산안

- make a retrenchment in the budget 예산을 줄이다
- ●● budgetary 형 예산상의

deposit [dipázit] 동 맡기다, 예금하다, 퇴적시키다

- He deposited the book with me. 그는 그 책을 나에게 맡겼다.
- deposit money in a bank 은행에 예금하다
- Stones are deposited in heaps. 돌이 무더기로 쌓여 있다.

insurance [inʃúərəns] 명 보험

- I work for an insurance company. 나는 보험 회사에 다닌다.
- ●● insure 동 보증하다, 보험에 들다

amount [əmáunt] 명 총계 동 총계가 ~이 되다

- the amount of principal and interest 원금과 이자 총액
- The total amounts to thirty million won. 총액은 3천만 원이 된다.

income [ínkʌm] 명 소득(↔ expense 지출)

- national per capita income 1인당 국민 소득

revenue [révənjùː] 명 수입(= income), 세입

- Tourism is this town's main source of revenue.
  관광사업은 이 도시의 주요 수입원이다.
- the public revenue 국고 세입

output [áutpùt] 명 산출, 산출량, 산출고(↔ input 투입, 투입량)

- limit the output 생산량을 제한하다
- the daily output of automobiles 하루 자동차 생산량

waste [weist] 동 낭비하다 명 낭비

- waste one's money on useless things 쓸데없는 일에 돈을 허비하다
- ●● wasteful 형 낭비하는

extravagant [ikstrǽvəgənt] 혱 낭비하는(= wasteful)

- She is extravagant with her money. 그녀는 돈 씀씀이가 헤프다.
- an extravagant person 낭비벽이 있는 사람
- •• extravagance 명 사치, 낭비

debt [det] 명 빚, 차용금

- dun for the payment of a debt 빚 청산을 재촉하다

indebted [indétid] 혱 빚이 있는, 신세를 진

- be indebted to for 100,000 won 빚이 10만원 있다
- I'm much indebted to you. 신세를 많이 졌습니다.
- •• indebt 동 ~에게 빚을 지게 하다, 은혜를 입다

owe [ou] 동 힘입다, 빚지고 있다

- He owed much of his success to his wife.
  그의 성공은 부인의 내조에 힘입은 바 컸다.
- He still owes for his house. 그는 아직 지불하지 못한 집값이 남아 있다.

accumulate [əkjúːmjəlèit] 동 축적하다

- accumulate a store of knowledge 지식을 축적하다
- •• accumulation 명 축적

addition [ədíʃən] 명 부가

- There will be a small additional charge. 소액의 추가 요금이 부과될 것이다.
- •• add 동 더하다
- •• additional 혱 추가의

extend [iksténd] 동 늘리다, 연장하다, 넓히다(= broaden)

- extend one's visit for two more days 방문을 2일간 더 연장하다
- •• extension 명 연장, 확장

prolong [proulɔ́ːŋ] 동 연장하다, 늘이다

- prolong one's stay abroad 외국 체류 기간을 연장하다
- •• prolongation 명 연장, 연기

45th day*

defer [difə́ːr] 동 연기하다(= postpone), 늦추다

- defer going till next Monday   다음 월요일까지 가는 것을 미루다
- defer making a decision   결심을 늦추다
- •• **deferrable** 형 연기할 수 있는

postpone [poustpóun] 동 연기하다(= put off)

- postpone a meeting indefinitely   모임을 무기 연기하다
- be postponed on account of rain   우천으로 연기되다
- •• **postponable** 형 연기할 수 있는

multiply [mʌ́ltəplài] 동 증가하다, 곱하다

- multiply ten times   10배로 불어나다
- □ Five multiplied by six is thirty.   5에 6을 곱하면 30이다.
- •• **multiple** 형 다양한, 다수의

gain [gein] 동 증가하다, (시계가) 빨리 가다, 얻다   명 이익, 증가

- □ I gained three kilograms.   체중이 3킬로그램 늘어났다.
- □ The watch gains three minutes a day.   시계가 하루에 3분씩 빨리 간다.
- □ He gained everlasting fame.   그는 불후의 명성을 얻었다.

obtain [əbtéin] 동 얻다, 획득하다(= come by)

- obtain leave of absence   휴학 허가를 얻다
- obtain the copyright   판권을 획득하다
- •• **obtainable** 형 얻을 수 있는

expire [ikspáiər] 동 만기가 되다, 만료되다

- □ The contract has expired.   계약이 만기가 되었다.
- □ His term of office will expire next month.   그의 임기는 내달에 만료된다.
- •• **expiry** 명 만료, 만기

ascend [əsénd] 동 올라가다

□ The balloon ascended high up in the sky. 기구가 하늘 높이 올라갔다.
●● ascent 명 오름, 상승

swell [swel] 동 부풀다, 붓다, 늘리다

□ A bud swells. 꽃봉오리가 부풀다.
□ The injured wrist swelled up badly. 다친 팔목이 몹시 부었다.

excess [iksés] 명 초과, 과잉

■ an excess of imports 수입 초과
●● excessive 형 지나친
●● exceed 동 초과하다

odd [ɑd] 형 남는, 나머지의, 홀수의, 이상한

■ an odd number results 나머지가 나다
□ Five, seven and nine are odd numbers. 5, 7, 9는 홀수이다.
□ He walks with an odd gait. 그는 걸음걸이가 이상하다.

reduce [ridʒúːs] 동 감소시키다

■ reduce one's weight 체중을 빼다
●● reduction 명 감소

lessen [lésn] 동 감소하다

■ lessen the air resistance 공기의 저항을 감소시키다

diminish [dəmíniʃ] 동 감소하다, 줄이다(= decrease)

■ diminish in population 인구가 감소되다

relieve [rilíːv] 동 덜다, 안도하게 하다, 구제하다

□ I was greatly relieved at the news. 그 소식을 듣고 한결 마음이 놓였다.
■ relieve unemployed people 실업자를 구제하다
●● relief 명 경감, 안심, 구제

potent [póutənt] 형 강력한(↔ impotent 무력한), 효험이 있는

- They had a potent new weapons system.
  그들은 강력한 새 무기 체제를 갖추었다.
- This drug is extremely potent. 이 약의 약효는 굉장하다

consequence [kánsikwèns] 명 결과, 중요성(= importance)

- We must answer for the consequences. 그 결과는 우리가 책임져야 한다.

staple [stéipəl] 형 주요한, 중요한 명 주요 산물

- staple commodities 중요한 상품
- staple products of this town 이 마을의 주된 산물

momentous [mouméntəs] 형 중대한

- a momentous decision 중대한 결정
- ●● moment 명 중요성

crucial [krú:ʃəl] 형 중대한, 결정적인

- a crucial moment 결정적인 순간

society [səsáiəti] 명 회(會), 단체, 사교계, 사회

- ask to join a society 모임에 들라고 권하다
- the queen of society 사교계의 여왕
- the organization of society 사회의 구조

organization [ɔ̀:rgənəzéiʃən] 명 조직, 구성, 단체

- administer an organization 조직을 운영하다
- an organization nationwide in its scope 전국적 단체
- ●● organize 동 조직하다

compose [kəmpóuz] 동 구성하다, 마음을 가라앉히다

- compose a poem extempore 즉흥적으로 시를 짓다
- compose one's emotions 감정을 가라앉히다
- ●● composition 명 구성, 작문

classify [klǽsəfài] 图 분류하다

■ classify according to color 색에 따라 분류하다
•• classification 명 분류

parliament [páːrləmənt] 명 의회

■ summon parliament 의회를 소집하다
•• parliamentary 형 의회의

legislation [lèdʒisléiʃən] 명 입법, 법률

□ Congress has the power of legislation. 의회는 입법권을 가진다.
•• legislative 형 입법상의

decree [dikríː] 명 법령, 포고 동 포고하다

■ a decree that slavery be abolished 노예제도 폐지 법령
■ enforcement decree 시행령

legitimate [lidʒítəmit] 형 합법의(= lawful), 정당한(↔ illegitimate 불법의)

■ by legitimate means 합법적 수단으로
■ legitimate self-defense 정당방위

congress [káŋgris] 명 회의, (미국의) 의회

■ introduce a bill into Congress 법안을 의회에 제출하다
•• congressional 형 회의의, 의회의

assemble [əsémbəl] 동 모이다

■ assemble for a meeting 회의를 위해 모이다
•• assembly 명 모임, 회의

encounter [enkáuntər] 동 만나다

■ encounter danger 위험에 맞닥뜨리다
■ encounter an old friend on the train 기차에서 옛 친구를 우연히 만나다

46th day*

consult [kənsʌ́lt] [동] 상의하다, 참고하다

■ consult a document 문헌을 참고하다
□ She consulted with a lawyer. 그녀는 변호사와 의논했다.
●● consultant [명] 상담역, 고문

dispute [dispjúːt] [동] 토론하다, 의논하다(= debate), 논박하다 [명] 논쟁, 분쟁

■ dispute whether the decision is right
그 결정이 옳은지 어떤지에 대해 논의하다
□ The dispute was finally settled. 그 분쟁이 마침내 결말이 났다.
●● disputation [명] 논쟁, 토론

debate [dibéit] [명] 토론, 논쟁 [동] 토론하다

■ participate in a debate 토론에 참가하다
□ That is still a matter of debate. 그 문제는 여전히 논의할 여지가 있다.
●● debatable [형] 논쟁의 여지가 있는

controversy [kántrəvə̀ːrsi] [명] 논쟁

■ a subject prolific of controversy 논쟁을 야기시키는 문제
●● controversial [형] 논쟁상의, 토론의 여지가 있는

argue [áːrgjuː] [동] 논쟁하다, 주장하다

□ I argue with her all the time. 나는 항상 그녀와 논쟁을 한다.
●● argument [명] 논쟁, 주장

claim [kleim] [동] 요구하다, 청구하다, 주장하다

■ prosecute a claim for damages 손해 배상을 요구하다
■ claim unemployment benefit 실업 수당을 청구하다
□ Both sides claimed the victory. 양측이 다 승리했다고 주장했다.

order [ɔ́ːrdər] 몡 주문, 질서 동 주문하다

■ have a rush of orders 주문이 쇄도하다
□ Order was restored to the city. 시내는 다시 질서가 잡혔다.

negotiate [nigóuʃièit] 동 협상하다

■ negotiate the price 가격을 협상하다
●● negotiation 몡 협상, 담판

contract [kántrækt] 몡 계약 동 계약하다

□ The contract was broken off. 그 계약은 파기되었다.
●● contractor 몡 계약자

proposal [prəpóuzəl] 몡 제의, 신청

□ She refused his proposal of marriage. 그녀는 그의 청혼을 거절했다.

suggest [səgdʒést] 동 암시하다, 제안하다

□ What has he suggested? 그가 제안하는 것은 무엇인가?
●● suggestion 몡 암시, 제의

omen [óumən] 몡 징조, 전조

□ The red evening sky was a benign omen.
붉은 저녁노을은 날씨가 온화할 징조였다.
●● ominous 혱 불길한

lurk [ləːrk] 동 숨어있다, 잠복하다 몡 잠복

■ lurk in the mountains 산악 지대에 잠복하다

emerge [imə́ːrdʒ] 동 나타나다(= appear)

□ The shark emerged from the water. 물 속에서 상어가 나타났다.
●● emergence 몡 출현

indicate [índikèit] 동 지시하다, 나타내다

□ Fog indicates fine weather. 안개는 좋은 날씨의 징조이다.
•• indication 명 지시, 표시

clue [kluː] 명 단서, 실마리

■ search for clues 단서를 찾다
■ a clue to the solution of the problem 문제 해결의 실마리

foretell [fɔːrtél] 동 예언하다

□ Nobody foretells his fate. 아무도 자기 운명을 예언하지 못한다.
■ foretell the future 앞일을 예언하다

maxim [mǽksim] 명 격언, 금언

■ copybook maxims 진부한 격언

herald [hérəld] 동 예고하다, 알리다 명 예고, 전달자

□ His speech heralded a change of policy.
  그의 연설은 정책의 변화를 예고했다.

anticipate [æntísəpèit] 동 예상하다(= expect)

■ anticipate what is to come 먼일을 예상하다
•• anticipation 명 기대(= expectation)

figurative [fígjərətiv] 형 비유적인(↔ literal 문자 그대로의)

■ in a figurative sense 비유적인 의미에서
■ a figurative expression 비유적인 표현
•• figuration 명 비유적 표현

represent [rèprizént] 동 상징하다(= stand for), 대표하다

□ The dove represents peace. 비둘기는 평화를 상징한다.
□ He represented Korea at the conference.
  그는 한국을 대표해서 회의에 참석했다.
•• representative 명 대표자

associate [əsóuʃièit] [동] 연상하다, 관련짓다, 교제하다

□ We often associate summer with holidays.
우리는 종종 여름 하면 휴가를 연상한다.
□ I don't care to associate with them. 나는 그들과 교제하고 싶지 않다.
•• association [명] 연상, 관련, 교제

relevant [réləvənt] [형] 관련 있는, 적절한(↔ irrelevant 관련 없는, 부적절한)

■ matters relevant to the subject 그 문제에 관련이 있는 사항
•• relevance [명] 관련성, 적합성

concern [kənsə́ːrn] [동] 관계가 있다, 영향을 미치다, 관여하다, 걱정하다

□ This concerns all of us. 이것은 우리 모두와 관계가 있다.
□ I don't concern myself with politics. 나는 정치에 관여하지 않는다.

presume [prizúːm] [동] 추정하다, ~라고 생각하다

□ They presumed her dead. 그들은 그녀가 죽었다고 추정했다.
•• presumption [명] 추정, 가정

assume [əsjúːm] [동] 가정하다, 떠맡다(= undertake), ~인 체하다(= take on)

□ He assumed all responsibilities alone. 그는 책임을 도맡았다.
■ assume the air of indifference 무관심한 체하다
•• assumption [명] 가정, 수임(受任)

confess [kənfés] [동] 고백하다, 지백하다

■ confess one's crime 죄를 자백하다
•• confession [명] 고백, 자백

infer [infə́ːr] [동] 추론하다

□ The rest is for you to infer. 나머지는 미루어 알 수 있는 일이다.
•• inference [명] 추론

achievement [ətʃíːvmənt] [명] 성취, 업적, 학력

□ He produced eminent achievements. 그는 탁월한 업적을 쌓았다.
•• achieve [동] 성취하다

47th day*

review [rivjúː] [명] 복습, 재검토, 평론 [동] 복습하다, 재검토하다

- an expansive review of a topic 문제에 대한 포괄적 검토
- write a review for the newspaper 신문에 비평을 쓰다
- review the lessons 학과를 복습하다

●● reviewal [명] 재조사, 검토, 검열

accustom [əkʌ́stəm] [동] 익히다, 습관을 붙이다

- accustom one's ears to the noises of city life
  도시 생활의 소음에 귀를 익히다
- accustom oneself to a regular life 규칙적인 생활을 해버릇하다

●● accustomed [형] 익숙해진

habit [hǽbit] [명] 습관

- cultivate a good habit 좋은 습관을 기르다

●● habitual [형] 습관적인

cultivate [kʌ́ltəvèit] [동] 경작하다, 도야하다

- cultivate a rice field 논농사를 짓다
- cultivate one's mind 정신을 연마하다

●● cultivation [명] 경작, 연마

●● cultivated [형] 경작된, 교양 있는, 세련된

harvest [háːrvist] [동] 거두어들이다, 수확하다 [명] 수확, 추수

□ The fruit is being harvested. 과일을 수확하고 있다.

□ The crops have yet to be harvested. 농작물들은 아직 추수되지 않았다.

- a rich harvest 풍작

repeat [ripíːt] [동] 되풀이하다

□ Don't repeat the same mistakes. 똑같은 실수를 되풀이하지 마라.

●● repetition [명] 반복

effort [éfərt] 몡 노력(= endeavor)

□ He was rewarded for his efforts. 그의 노력은 열매를 맺었다.

academic [ækədémik] 톙 대학의, 학구적인

■ an academic curriculum 대학 과정
■ create an academic atmosphere 면학 분위기를 조성하다
●● academy 몡 학교

education [édʒukèiʃən] 몡 교육

■ the quality of education 교육의 내용
●● educate 동 교육하다
●● educational 톙 교육의

disciple [disáipəl] 톙 제자, 문하생

■ impart knowledge to one's disciples 제자에게 지식을 전하다

endow [endáu] 동 기부하다, 주다, 부여하다

■ endow a scholarship 장학금을 기부하다
■ be endowed with talent 재능이 부여되다
●● endowment 몡 기부, 재능

descend [disénd] 동 내려가다(↔ ascend)

■ descend from father to son 아버지로부터 아들에게 전해지다
●● descendant 몡 자손, 후손

technical [téknikəl] 톙 기술적인, 전문의

■ a technical obstacle 기술적인 장애
■ technical knowledge 전문적 지식
●● technic(= technique) 몡 기술, 기교

aviation [èiviéiʃən] 몡 비행(술), 항공(술)

■ an aviation ground 비행장
■ the International Civil Aviation Organization 국제 민간 항공 기구

altitude [ǽltətjùːd] 명 고도, 높이

- fly at an altitude of 1,000 meters 1,000미터의 고도로 날다
- In those altitudes the air is extremely thin.
  그 높이에서는 공기가 매우 희박하다.

lofty [lɔ́ːfti] 형 매우 높은, 숭고한

- She has a lofty ideal. 그녀는 이상이 매우 높다.
- Art has a lofty mission. 예술에는 숭고한 사명이 있다.

barrel [bǽrəl] 명 통, 한 통의 분량

- The barrel is too heavy. 통이 너무 무겁다.

dimension [diménʃən] 명 치수, 규모, 범위, 차원

- What are the dimensions of that box? 그 박스 용적이 얼마나 되나요?
- the fourth dimension 제4차원

measure [méʒər] 명 치수, 척도, 조치 동 측정하다

- take emergency measures 임기응변의 조치를 취하다
- measure a piece of ground 토지를 측량하다

range [reindʒ] 명 범위, 산맥

- He has a wide range of knowledge. 그는 광범위한 지식을 갖고 있다.
- the Alpine range 알프스 산맥

diameter [daiǽmitər] 명 직경, 지름

- It is five centimeters in diameter. 지름이 5cm이다.

vertical [və́ːrtikəl] 형 수직의(= perpendicular)

- Floors are horizontal and walls are vertical.
  바닥들은 평평하고 벽들은 수직이다.

parallel [pǽrəlèl] 형 평행의 명 평행선

□ The roads are parallel to each other. 길들이 서로 평행하게 나있다.
□ Draw a pair of parallel lines. 평행선 한 쌍을 그려라.

arithmetic [əríθmətìk] 명 산수, 셈

■ in mental arithmetic 암산으로

algebra [ǽldʒəbrə] 명 대수(학)

■ an effective method of teaching algebra 대수의 효과적인 교수법
•• algebraic 형 대수의

decimal [désəməl] 형 10의, 십진법의, 소수의 명 소수

■ the decimal system 십진법
□ Solve this decimal fraction question. 이 소수에 관한 문제를 풀어라.

laboratory [lǽbərətɔ̀ːri] 명 실험실, 연구소

■ a chemical laboratory 화학 실험실
■ a marine laboratory 해양 연구소
■ a language laboratory 어학 연습실

research [risə́ːrtʃ] 명 조사, 연구

■ research into a matter thoroughly 문제를 철저하게 조사하다
■ grants for the encouragement of research 연구 장려 보조금

hypothesis [haipáθəsis] 명 가설(= assumption)

■ form a hypothesis 가설을 세우다
□ The hypothesis was proved. 그 가설은 검증되었다.

surround [səráund] 동 둘러싸다

□ The fence surrounds the garden. 울타리가 정원을 둘러싸고 있다.
•• surrounding 형 주위의

48th day*

incline [inkláin] 동 기울다, 경향이 있다, 마음이 내키다

- incline to one side 한 쪽으로 기울다
- He inclines toward conservatism. 그는 보수적인 성향이 있다.
- •• inclination 명 경사, 경향, 선호

steep [stiːp] 형 가파른, 험한

- The stairs are high and steep. 계단이 높고 가파르다.
- a steep mountain path 험한 산길
- •• steepen 동 가파르게 하다(되다)

liable [láiəbəl] 형 ~하기 쉬운, ~에 대해 책임이 있는

- be liable for damage 손해에 대한 책임이 있다
- be liable to heart disease 심장병에 걸리기 쉽다
- •• liability 명 책임 있음, ~ 경향이 있음

ascribe [əskráib] 동 ~ 탓으로 돌리다

- ascribe one's failure to bad luck 실패를 불운의 탓으로 돌리다
- The failure was ascribed to his fault. 실패의 책임이 그에게로 돌아갔다
- •• ascribable 형 ~에 기인하는

cost [kɔːst] 동 ~ 때문에 ~을 잃다, 걸리다 명 비용

- save a child at the cost of one's life 어린아이를 구출하려다 희생되다
- the problem is the cost involved 문제는 비용이다
- It will cost you a bundle. 돈이 많이 들 것이다.

facility [fəsíləti] 명 손쉬움, 시설, 설비

- give every facility 편리를 제공하다
- expand and improve the facilities 시설을 확충하다
- •• facile 형 손쉬운

prone [proun] 형 ~하기 쉬운(= liable), 엎드린

- Man is prone to err. 인간은 과오를 범하기 쉽다.
- She laid the baby prone on the bed. 그녀는 아기를 엎드려 재웠다

trend [trend] 명 경향, 추세

- a universal trend   일반적 경향
- the trend of the world   세계의 움직임
- ●● trendy 형 최신유행의

extract [ikstrǽkt] 동 뽑다, 추출하다, 얻다

- extract oil out sesame   참기름을 짜내다
- extract pleasure from rural life   전원생활에서 즐거움을 얻다
- ●● extractiong 명 추출, 발췌

vital [váitl] 형 생명의, 극히 중요한(= essential)

- He played a vital role. 그는 중요한 역할을 했다.
- vital power 생명력

transplant [trænsplǽnt] 명 이식 동 이식하다

- have a heart transplant   심장 이식을 받다
- These plants transplant easily. 이 묘목들은 쉽게 이식된다.

cancer [kǽnsər] 명 암

- diagnose as cancer   암이라고 진단하다
- He died of lung cancer. 그는 폐암으로 사망했다.

therapy [θérəpi] 명 치료, 요법

- physical therapy   물리 치료
- electric shock therapy   전기 충격 요법
- ●● therapeutic 형 치료를 위한

hygiene [háidʒiːn] 명 위생

- keep up personal hygiene   개인적인 위생을 지키다
- ●● hygienic 형 위생의

sanitary [sǽnətèri] 휑 위생의, 위생적인, 깨끗한

- sanitary conditions 위생 상태
- sanitary science 공중위생학
- •• sanitate 동 위생적으로 하다

antibiotic [æ̀ntibaiátik] 명 항생물질 휑 항생물질의

- □ Antibiotics act on the bacteria. 항생제는 박테리아에 효능이 있다.
- a tolerance to antibiotics 항생 물질에 대한 내성

cell [sel] 명 세포

- □ Cells are elements of living bodies. 세포는 생체의 기본 요소이다.
- •• cellular 휑 세포의

chemistry [kémistri] 명 화학

- major in chemistry 화학을 전공하다
- •• chemical 휑 화학의

pulse [pʌls] 명 맥박

- □ His pulse is not very regular. 그의 맥박은 매우 불규칙하다.
- put fingers on the pulse 맥을 짚다

throb [θrɑb] 동 맥박이 뛰다, 고동치다 명 맥박, 고동

- □ My heart throbbed with joy. 내 심장은 기쁨으로 두근거렸다.

pant [pænt] 동 헐떡거리다

- pant under a heavy load 무거운 짐을 지고 헐떡거리다

vein [vein] 명 정맥, 혈관

- inject a vein with medicine 정맥에 약물을 주사하다
- inject directly into patients' veins 환자의 혈관에 직접 주사하다
- •• venous 휑 정맥의

artery [áːrtəri] 명 동맥, 간선(도로)

- the arteries harden 동맥이 경화하다
- the industrial arteries 산업의 동맥
- •• arterial 형 동맥의, 간선의

nerve [nəːrv] 명 신경

- be a bag of nerves 신경이 아주 날카롭다
- Nerves respond to a stimulus. 신경은 자극에 반응한다.
- •• nervous 형 신경질적인

lung [lʌŋ] 명 폐

- His right lung is affected. 그는 오른쪽 폐가 나쁘다
- inflammation of the lungs 폐렴

brow [brau] 명 이마(= forehead)

- wrinkle up one's brow 이마를 찌푸리다
- wipe the sweat off the brow 이마의 땀을 닦다

palm [pɑːm] 명 손바닥, 야자

- a callus forms in the palm of one's hand 손바닥에 굳은살이 박이다
- The man is climbing a tall palm tree. 남자가 높은 야자나무를 오르고 있다.

acid [ǽsid] 형 산성의 명 산, 산성

- the actions of an acid 산의 작용
- This acid eats metal. 이 산은 금속을 부식한다.
- •• acidify 동 산성화하다, 시게 하다
- •• acidity 명 신맛, 산성도

temperature [témpərətʃər] 명 온도

- The temperature dropped suddenly. 기온이 갑자기 떨어졌다.
- a temperature control 온도 조절 장치

thermometer [θərmémitər] 명 온도계

- a centigrade thermometer 섭씨온도계

49th day*

implement [ímpləmənt] 명 도구, 용구

- farm implements 농사에 쓰는 연장
- •• implemental 형 도구의, 도움이 되는

apparatus [æpəréitəs] 명 기구, 기계, 장치

- the apparatus of government 정부 기관
- apparatus gymnastics 기계 체조
- a heating apparatus 난방 장치

exact [igzǽkt] 형 정확한, 정밀한

- the exact meaning of a word 말의 정확한 뜻
- an exact description 정밀한 묘사
- •• exactly 부 정확하게
- •• exactness 명 정확(성)

manual [mǽnjuəl] 형 손으로 하는

- □ She is not used to manual labor. 그녀는 손으로 하는 노동에 익숙지 않다.
- a manual laborer 육체노동자
- •• manually 부 손으로, 수공으로

ingredient [ingrí:diənt] 명 성분, 재료

- an ingredient toxic to the system 신체에 유해한 성분
- □ The man is mixing ingredients. 남자가 재료를 섞고 있다.

material [mətíəriəl] 명 재료, 소재 형 물질적인

- materials for experiments 실험 재료
- material civilization 물질문명
- •• materialist 명 물질주의자, 유물론자
- •• materialism 명 물질주의, 유물론

carpenter [káːrpəntər] 몡 목수

- He is a carpenter by trade. 그의 직업은 목수이다.

mold [mould] 용 (틀에 넣어) 만들다, 형성하다(= shape)

- pour molten lead into a mold 녹인 납을 거푸집에 지어붓다
- mold public opinion 여론을 형성하다

cast [kæst] 몡 형(型), 주조, 배역 용 던지다, 주조하다

- pour bronze into a cast 청동을 거푸집에 붓다
- cast metal into coins 금속으로 경화를 주조하다
- This picture has a good cast. 이 영화는 배역이 좋다.

miniature [míniətʃər] 몡 축소 모형, 축소화

- He stared at the faithful miniature of the dinosaur.
  그는 정교한 공룡의 축소 모형을 뚫어지게 쳐다보았다.

elaborate [ilǽbərèit] 혱 공들인, 정교한, 복잡한(= intricate)

- It was a very elaborate dinner. 그것은 무척 정성들여 준비한 만찬이었다.
- an elaborate machine 정교한 기계

craft [kræft] 몡 솜씨(= skill), 공예

- an object of metal craft 금속 공예품
- •• crafty 혱 간교한, 교활한

exquisite [ikskwízit] 혱 정교한, 절묘한

- exquisite works of art 정교한 예술품
- an exquisite piece of music 절묘한 음악

manufacture [mæ̀njəfǽktʃər] 몡 제조 용 제조하다

- a process of manufacture 제조 과정
- the manufacture's serial number 제조 번호

textile [tékstail] 명 직물 형 직물의

□ The textile is stiff and coarse. 그 직물은 뻣뻣하고 결도 거칠다.
□ I'm in the textile business. 섬유업에 종사하고 있습니다.

exhibit [igzíbit] 동 전시하다, 나타내다 명 전람회

■ exhibit school children's handicrafts 아동의 공작품을 전시하다
■ exhibit one's skill 기교를 나타내다
■ hold an exhibit 전람회를 열다
•• exhibition 명 전람회

statue [stǽtʃuː] 명 조각상

□ The statue is cast in bronze. 그 조각상은 청동으로 만든 것이다.

masterpiece [mǽstərpìːs] 명 걸작, 대작

□ This picture counts as a masterpiece. 이 그림은 걸작으로 간주된다.

historic [histɔ́(ː)rik] 형 역사적으로 유명한

■ a historic building 역사적으로 유명한 건물
•• historian 명 역사가

relic [rélik] 명 유물, 유품

■ ancient relics 고대의 유물
■ a historic relic 역사적인 유적

fable [féibəl] 명 우화

□ Aesop's Fables 이솝 우화집

anecdote [ǽnikdòut] 명 일화

□ An amusing anecdote is told of him. 그에게는 재미있는 일화가 있다.
■ a priceless anecdote 무척 재미있는 일화

manuscript [mǽnjəskrìpt] 명 원고

- I read his novel in manuscript. 나는 그의 소설을 원고로 읽었다.
- manuscripts accepted 채택된 원고

volume [válju:m] 명 책, 권(卷), 다량

- publish as an independent volume 별책으로 출판하다
- This book is in six volumes. 이 책은 여섯 권으로 되어 있다.
- a volume of mail 다량의 우편물

periodical [pìəriádikəl] 형 정기적인, 정기간행의 명 정기간행물

- I make periodical visits to the beauty parlor.
  나는 정기적으로 미용실에 간다.

subscribe [səbskráib] 동 정기구독하다, 기부하다

- subscribe to a magazine 잡지를 구독하다
- subscribe a large sum to charities 자선 사업에 거액을 기부하다
- ●● subscription 명 정기구독, 기부

donate [dóuneit] 동 기부하다

- I donated money for her. 나는 그녀를 위해 돈을 기부했다.
- ●● donation 명 기부, 기부금

anonymous [ənánəməs] 형 익명의, 작자 미상의

- contribute to anonymously 익명으로 기고하다
- The book is anonymous. 그 책은 작자 미상의 것이다.

preface [préfis] 명 서문, 머리말

- write a preface to a book 책의 머리말을 쓰다

quote [kwout] 동 인용하다

- The teacher quoted it from the Bible. 선생님은 성경에서 그것을 인용하셨다.
- ●● quotation 명 인용(문)

50th day*

recite [risáit] 통 암송하다, 낭독하다

- recite an English poem 영시를 낭독하다
- •• recitation 명 암송, 낭송

context [kántekst] 명 문맥, 맥락, 배경

- guess the meaning from the context
  문맥으로 의미를 추측하다
- •• contextual 형 전후관계의, 문맥상의
- •• contexture 명 문장의 구성, 조직
- •• contextualize 통 문맥을 설명하다

colloquial [kəlóukwiəl] 형 구어체의

- □ It is a colloquial expression. 그것은 구어체 표현이다.
- a book written in a colloquial style 회화체로 쓰인 책
- •• colloquialism 명 구어체, 회화체

verse [vəːrs] 명 운문(↔ prose 산문), 시(詩), 시의 행

- turn a verse into prose 운문을 산문으로 고치다
- quote a verse 시의 한 행을 인용하다
- lyrical verse 서정시
- •• versify 통 시로 짓다

serene [sirí:n] 형 고요한, 청명한

- a serene sea 잠잠한 바다
- serene weather 청명한 날씨
- •• serenity 명 고요, 청명

tranquil [trǽŋkwil] 형 조용한, 평온한

- a tranquil atmosphere 조용한 분위기
- •• tranquility 명 평온

loud [laud] 형 큰소리의, 시끄러운

□ Don't talk so loud. 그렇게 큰 소리로 말하지 마세요.
□ The music is too loud. 음악이 너무 시끄럽네요.
•• loudly 부 큰소리로

desolate [désəlit] 형 황량한, 적막한, 쓸쓸한

■ a desolate plain 황량한 벌판

dreary [dríəri] 형 쓸쓸한, 음울한(= gloomy)

■ a dreary sight 적막한 풍경

depress [diprés] 동 우울하게 하다, 부진하게 하다

□ Rainy weather always depresses me.
비가 오는 날씨는 나를 언제나 우울하게 한다.
■ depress the morale 사기를 저하시키다

sentiment [séntəmənt] 명 감정, 정서

■ be swayed by sentiment 감정에 지배되다
■ a deep-rooted anti-Japanese sentiment 뿌리 깊은 반일 감정
•• sentimental 형 감상적인, 정에 약한

shiver [ʃívər] 동 떨다, 전율하다 명 전율

□ The cold makes me shiver from top to toe. 추워서 온몸이 떨린다.
□ She shivered with fear. 그녀는 공포에 질려 떨었다.

tremendous [triméndəs] 형 엄청난, 무서운

□ This house is tremendous. 이 집은 엄청나게 크다.
□ We saw a tremendous scene. 우리는 무시무시한 광경을 보았다.

marvel [máːrvəl] 동 놀라다(= wonder) 명 경탄, 경탄할 만한 것

■ marvel at his courage 그의 용기에 놀라다
■ marvels of nature 자연의 경이
•• marvelous 형 경탄할 만한

vast [væst] 형 광대한, 막대한

- a vast expanse of desert 광대한 사막
- The cost reached to a vast amount. 비용은 막대한 금액에 달했다.

huge [hjuːdʒ] 형 거대한(↔ tiny 작은)

- lift up a huge stone easily 거대한 돌을 거뜬히 들어 올리다

enormous [inɔ́ːrməs] 형 거대한, 막대한

- an enormous amount of information 방대한 정보량
- an enormous fortune 막대한 재산

immense [iméns] 형 거대한, 광대한

- An immense building rose before our eyes.
  큰 건물이 우리 눈앞에 불쑥 나타났다.
- an immense territory 광대한 영토

spectacle [spéktəkəl] 명 장관(壯觀), 구경거리

- present a magnificent spectacle 장관을 이루다
- a spectacle takes place 구경나다
- •• spectacular 형 장관인, 볼 만한

incredible [inkrédəbəl] 형 믿을 수 없는, 놀라운(= amazing)

- an incredible story 믿어지지 않는 이야기
- an incredible experience 놀라운 경험

mysterious [mistíəriəs] 형 신비로운, 불가사의한

- the mysterious universe 신비로운 우주
- a mysterious event 불가사의한 사건
- •• mystery 명 수수께끼, 추리소설

riddle [rídl] 명 수수께끼

- guess a riddle 수수께끼를 알아맞히다

puzzle [pʌzl] 몡 수수께끼 동 당황하게 하다

□ A puzzle was solved. 수수께끼가 풀렸다.
□ I was puzzled what to do. 나는 어찌 해야 좋을지 몰라 당황했다.
●● puzzling 혱 당황하게 하는

terrific [tərífik] 혱 굉장한, 훌륭한, 아주 멋진

■ blow up with a terrific explosion 굉장한 소리를 내며 터지다
□ He is a terrific baseball player. 그는 훌륭한 야구선수이다.

magnificent [mægnífəsənt] 혱 장대한, 장엄한

□ He had a magnificent palace. 그는 장엄한 궁전을 갖고 있었다.

majesty [mǽdʒisti] 몡 웅장, 위엄, 폐하

■ majesty of the mountain 그 산의 웅장함
■ majesty of bearing 위엄 있는 태도
■ His Majesty 황제 폐하
●● majestic 혱 장엄한, 웅대한

splendid [spléndid] 혱 화려한, 훌륭한

□ It was a splendid parade. 그것은 화려한 행진이었다.
■ a splendid achievement 훌륭한 업적

adorn [ədɔ́ːrn] 동 장식하다, 꾸미다(= decorate)

■ adorn oneself with jewels 보석으로 치장하다
●● adornment 몡 장식품, 장신구

ornament [ɔ́ːrnəmént] 동 장식하다(=decorate) 몡 [ɔ́ːrnəmənt] 장식

■ ornament a room with flowers 방을 꽃으로 장식하다
●● ornamental 혱 장식의

pomp [pɑmp] 몡 호화, 화려함

□ The function was performed with great pomp.
그 행사는 대단히 호화롭게 거행되었다.
●● pompous 혱 화려한

51st day *

---

exaggerate [igzǽdʒərèit] 동 과장하다

- exaggerate one's trouble 자기의 고민거리를 과장해서 말하다
- exaggeration 명 과장

---

sophisticated [səfístəkèitid] 형 세련된, 약아빠진, 정교한

- a sophisticated style 기교를 부린 문체
- a highly sophisticated technique 매우 정교한 기술
- sophisticate 동 궤변을 부리다
- sophistication 명 궤변을 부림, 억지 이론

---

perfume [pə́ːrfjuːm] 명 향수, 향기

- be strongly scented with perfume 향수 냄새가 물씬하다
- a subtle perfume 그윽이 풍기는 향기
- perfumer 명 좋은 냄새를 풍기는 것(사람)

---

ecstasy [ékstəsi] 명 무아경, 황홀경

- be in an ecstasy of joy 너무 기뻐서 넋을 잃다
- She was thrown into ecstasy. 그녀는 황홀해졌다.
- ecstatic 형 황홀한

---

rapture [rǽptʃər] 명 큰 기쁨, 환희

- be in raptures 기뻐서 들떠 있다
- rapturous 형 미칠 듯 기뻐하는
- rapt 형 황홀한

---

elegant [éləgənt] 형 우아한, 품위 있는

- an elegant posture 우아한 자세
- He has an elegant taste. 그는 고상한 취미를 가지고 있다.
- elegance 명 우아, 고상

---

audience [ɔ́:diəns] 똉 청중

- arouse one's audience to enthusiasm 청중을 열광시키다
- audience figures 시청률
- •• audient 똉 경청하는 사람

attract [ətrǽkt] 똉 끌다

- attract public attention 사람들의 이목을 끌다
- •• attractive 똉 매력이 있는
- •• attraction 똉 끄는 힘, 매력

enchant [entʃǽnt] 똉 매혹하다

- enchanted by the beauty of the scenery 그 풍경의 아름다움에 매료되다
- •• enchantment 똉 매혹, 황홀

tempt [tempt] 똉 유혹하다

- tempt into evil doing 나쁜 짓을 하도록 유인하다
- •• temptation 똉 유혹

lure [luər] 똉 유혹하다 똉 유혹, 미끼

- be lured by an illusion 허깨비에 홀리다
- lure into a trap 함정에 빠뜨리다

bait [beit] 똉 미끼 똉 미끼를 붙이다

- snap at the bait 미끼를 덥석 물다
- bait a hook 낚시에 미끼를 꿰다

allure [əlúər] 똉 유혹하다(= lure), 사주하다 똉 유혹

- allure with money 돈으로 유혹하다
- •• allurement 똉 매혹, 유혹

approach [əpróutʃ] 똉 접근하다 똉 접근

- approach land 육지에 가까워지다
- □ Spring approaches. 봄이 다가온다.
- •• approachable 똉 가까이 하기 쉬운

intoxicate [intάksikèit] 동 취하게 하다, 도취시키다

□ She was intoxicated by the beauty of the night.
그녀는 밤의 아름다움에 도취해 있었다.
•• intoxicated 형 취한, 도취된

addict [ədíkt] 동 빠지게 하다 명 [ǽdikt] 중독자

■ addict oneself to gambling 도박에 빠지다
■ a drug addict 마약 중독자
•• addiction 명 중독, 열중

occupy [άkjəpài] 동 차지하다, 종사하다

■ occupy an important position 중요한 자리를 차지하다
•• occupation 명 직업

career [kəríər] 명 경력, 직업

■ a career soldier 직업 군인
■ an illustrious career 빛나는 경력

calling [kɔ́:liŋ] 명 직업, 천직

□ What is your calling? 당신의 직업은 무엇입니까?

adult [ədʌ́lt] 명 성인 형 성인의

■ grow into an adult 장성해서 어른이 되다
■ adult behavior 어른스러운 행동

primary [práimèri] 형 원초적인, 기본적인, 주요한, 초기의

■ one's primary object 최초의 목적
■ a matter of primary interest 가장 중대한 일
■ the primary stage of civilization 문명의 초기 단계

resource [rí:sɔːrs] 명 자원, 지략

■ exploit natural resources 천연 자원을 이용하다
□ Korea is rich in human resources. 한국은 인적 자원이 풍부하다.
•• resourceful 형 자원이 풍부한, 지략이 풍부한

seed [siːd] 몡 씨앗 图 씨를 뿌리다

▫ Plants develop from seeds. 식물은 씨에서 자란다.
■ seed the field with corn 밭에 옥수수 씨를 뿌리다

layer [léiər] 몡 층, 겹

■ disruption of the ozone layer 오존층의 파괴
■ in layers 겹겹이 쌓아올리다

nature [néitʃər] 몡 자연, 천성, 성질, 종류

▫ She is weak by nature. 그녀는 천성적으로 허약하다.
▫ She is gentle by nature. 그녀는 성질이 온순하다.
•• natural 휑 자연의, 선천적인

inborn [ínbɔ́ːrn] 휑 타고난, 선천적인(↔ acquired 후천적인)

■ an inborn talent of art 타고난 예술적 재능

bloom [bluːm] 图 꽃이 피다, 개화하다 몡 개화(= blossom)

▫ This plant blooms often. 이 나무는 종종 꽃이 핀다.
▫ The roses are in bloom. 장미가 만발해 있다.

brute [bruːt] 몡 짐승(= beast)

■ a brute of a man 짐승 같은 사내
•• brutish 휑 동물적인

shark [ʃɑːrk] 몡 상어

▫ Some sharks attack fishers. 어떤 상어들은 어부들을 공격한다.

bark [bɑːrk] 图 짖다 몡 나무껍질

▫ The dog barked every night. 그 개는 밤마다 짖는다.
■ peel a tree from the bark 나무껍질을 벗기다

52nd day *

audible [ɔ́ːdəbl] 휑 들리는(↔ inaudible 안 들리는), 들을 수 있는

- in a scarcely audible voice 거의 들리지 않는 목소리로
- barely audible sound 간신히 들을 수 있는 소리
- •• audibly 휑 들리도록, 들을 수 있게

dumb [dʌm] 휑 벙어리의

- He is dumb from birth. 그는 태어날 때부터 벙어리이다.
- be struck dumb with fright 두려움에 말문이 막히다
- dumb creatures 말 못하는 짐승

trace [treis] 명 흔적, 자취 통 자국을 밟아가다

- leave no traces behind 흔적을 남기지 않다
- trace back a vague memory 어렴풋한 기억을 더듬다
- •• traceable 휑 할 수 있는

dwell [dwel] 통 살다, 거주하다

- My uncle dwells in the country. 내 삼촌은 시골에 사신다.
- dwell at home 국내에 거주하다
- •• dweller 명 거주자

reside [riːzáid] 통 살다, 존재하다, 있다

- He resides here in Seoul. 그는 이곳 서울에서 살고 있다.
- The power of decision resides in President. 결정권은 대통령에게 있다.
- •• residence 명 거주, 주택
- •• resident 명 거주자

inhabit [inháebit] 통 거주하다

- inhabit a forest 숲에 서식하다
- denseily inhabited district 인구 밀집 지구
- •• inhabitant 명 주민, 거주자

arrange [əréindʒ] 통 정하다(= decide), 마련하다, 주선하다

□ It was all arranged beforehand. 그것은 미리 다 정해져 있었다.
■ arrange a marriage 혼담을 성사시키다

navigation [nævəgéiʃən] 명 항해(술)

□ Navigation is an application of astronomy.
항해술은 천문학을 응용한 것이다.
•• navigate 동 항해하다

dusk [dʌsk] 명 어스름, 땅거미, 황혼(= twilight)

■ the vague outline of a church at dusk 해질녘 교회의 희미한 윤곽
□ Evening dusk is gathering on. 땅거미가 점점 짙어진다.

resort [rizɔ́ːrt] 명 휴양지, 수단 동 호소하다

□ The resort is located on the coast. 휴양지는 해변에 위치해 있다.
■ as a last resort 최후의 수단으로

repose [ripóuz] 명 휴식(= rest) 동 쉬다, 눕히다

■ a volcano in repose 휴화산
□ Repose yourself for a while. 잠시 누워 쉬세요.

domestic [douméstik] 형 가정의, 길든(= tame), 국내의

■ domestic happiness 가정의 행복
■ fill up the domestic needs 국내 수요를 충족하다

closet [klázit] 명 벽장, 작은 방

□ The shirts are hanging in the closet. 옷장 안에 셔츠들이 걸려 있다.
■ empty the closet of all its things 다락방을 비우다

rural [rúərəl] 형 전원의, 시골의(↔ urban 도시의)

■ delights of rural life 전원생활의 즐거움
■ a rural scene 시골의 풍경

suburb [sʌ́bəːrb] 명 교외, 변두리

- go for a walk in the suburbs 교외로 산책가다
- •• suburban 형 교외의

secluded [siklúːdid] 형 외딴, 한적한, 은둔한

- a secluded mountain cottage 외딴 곳에 있는 산장
- •• seclusion 명 한적, 은둔

astray [əstréi] 형 길을 잃은 부 길을 잘못 들어, 타락하여

- be led astray by a bad friend 나쁜 친구에게 끌려 타락하다

pace [peis] 명 걸음

- She quickened her pace. 그녀는 걸음을 재촉했다.
- a snail's pace 느릿느릿한 걸음

vehicle [víːikəl] 명 차량, 운송수단

- avail oneself of a vehicle 차편을 이용하다
- Language is the vehicle of thought. 언어는 사상 전달의 도구이다.

carriage [kǽridʒ] 명 탈 것

- A horse is pulling the carriage. 말이 마차를 끌고 있다.
- wheel a baby carriage 유모차를 밀고 가다

emigrant [éməgrənt] 명 이주자, 출국이민(↔ immigrant 입국이민) 형 이주하는

- an emigrant company 이민 회사
- •• emigrate 동 이주하다
- •• emigration 명 이주

transfer [trænsfə́ːr] 동 옮기다, 갈아타다

- transfer to another school 학교를 옮기다
- transfer from bus to subway train 버스에서 지하철로 갈아타다

canal [kənǽl] 몡 운하, 수로

- lower the water in a canal 운하의 수위를 낮추다
- an irrigation canal 관개 수로

convey [kənvéi] 통 운반하다, 전달하다(= transmit), 전하다

- convey by rail 철도로 운반하다
- convey the meaning exactly 정확하게 뜻을 전달하다

transmit [trænsmít] 통 보내다, 전하다, 옮기다

- Glass transmits light. 유리는 빛을 전도한다.
- •• transmission 몡 전달, 전송, 전염

deliver [dilívər] 통 배달하다, 구원하다

- deliver articles at house 물품을 가정에 배달하다
- deliver out of difficulties 곤경에서 건져내다
- •• delivery 몡 배달(물)

prompt [prampt] 톙 신속한, 즉각적인

- a prompt action 신속한 행동
- He made a prompt answer. 그는 즉각 대답했다.

presently [prézəntli] 훰 곧(= soon)

- She will be home presently. 그녀는 곧 집에 올 것이다.

despite [dispáit] 쩐 ~에도 불구하고(= notwithstanding)

- I love her despite her faults. 나는 그녀의 결점에도 불구하고 그녀를 사랑한다.
- They went for a walk despite the rain.
  그들은 비가 오는데도 불구하고 산책을 나섰다.

possibly [pásəbli] 훰 아마, 어쩌면

- Possibly it is as you say. 아마도 네 말대로인 것 같다.
- He may possibly not come today. 그는 어쩌면 오늘 안 올지 모른다.

CROSS WORD PUZZLE

가로세로 낱말 맞추기

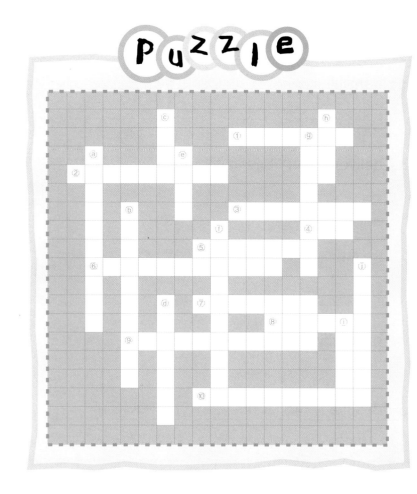

ACROSS(가로 열쇠)

① A (　　) invitation is extended to you. 참석해 주시기를 간곡히 바랍니다.

② The (　　) developed favorably for us.
사태는 우리에게 유리하게 발전했다.

③ He is less (　　) of his own weaknesses.
그는 자신의 약점에 대해 관대하지 못하다.

④ provide humanitarian (　　) to the war zone
전쟁 지역에 인도적인 원조를 제공하다

⑤ (　　) the offense and not its perpetrator.
죄는 미워하되 사람은 미워하지 마라.

⑥ Are these statistics (　　)? 이 통계를 신뢰할 수 있습니까?

⑦ I (　　) that he is a diligent student. 그가 착실한 학생임을 보증합니다.

⑧ I have used my (　　) endeavors. 나는 최선의 노력을 다했다.

⑨ It can be (　　) in various ways. 그것은 여러 가지로 해석할 수 있다.

⑩ He related the (　　) of his youth. 그는 젊은 시절 모험담을 이야기했다.

DOWN(세로 열쇠)

ⓐ Their smoldering (　　) burst into flame.
마음속에 쌓였던 불만이 폭발했다.

ⓑ She is now at the peak of her (　　). 그녀는 인기 정상에 있다.

ⓒ The cost reached to a (　　) amount. 비용은 막대한 금액에 달했다.

ⓓ Please tell me all the (　　) of the event.
내게 그 사건을 상세하게 말해주세요.

ⓔ A (　　) dropped from his lips. 그의 입에서 한숨이 불쑥 새어 나왔다.

ⓕ His words and actions do not (　　). 그의 말과 행동은 일치하지 않는다.

ⓖ He is (　　) of the ways of the world. 그는 세상 물정에 눈이 어둡다.

ⓗ Though I (　　), I will try again. 비록 실패할지라도 나는 다시 시도하겠다.

ⓘ She did more than her (　　) of the work.
그녀는 자신의 몫보다 더 많은 일을 했다.

ⓙ This cookie (　　) preservatives. 이 과자에는 방부제가 첨가되어 있다.

정답

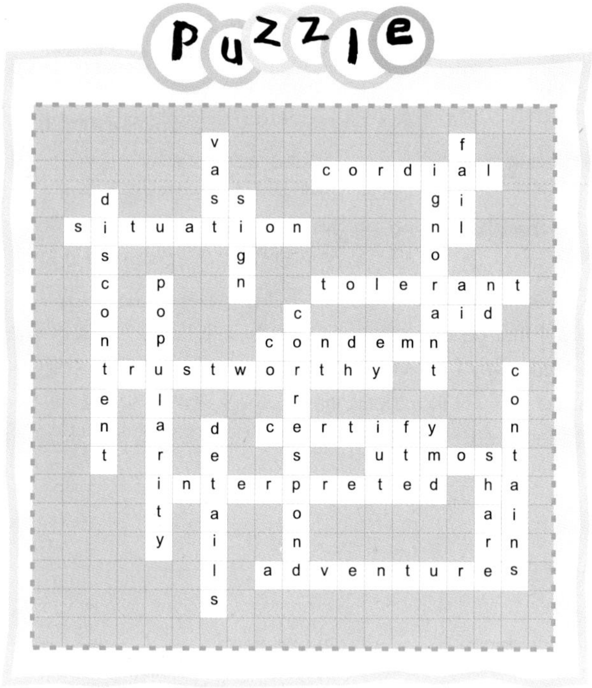

◎ ACROSS ◎

① cordial ② situation ③ tolerant ④ aid
⑤ condemn ⑥ trustworthy ⑦ certify
⑧ utmost ⑨ interpreted ⑩ adventures

◎ DOWN ◎

ⓐ discontent ⓑ popularity ⓒ vast
ⓓ details ⓔ sigh ⓕ correspond ⓖ ignorant
ⓗ fail ⓘ share ⓙ contains

헷갈리기 쉬운
놓치기 쉬운

Ⅲ 결정적단어

수능
Power
영단어

53rd day*

command [kəmǽnd] 동 명령하다, 지휘하다

▫ The captain gave a command. 대장은 명령을 내렸다.
▫ The captain commands his ship. 선장은 그의 배를 지휘한다.

commend [kəménd] 동 칭찬하다, 추천하다

■ commend for his good act 그의 선행을 칭찬하다
●● commendation 명 칭찬, 추천, 위임

expand [ikspǽnd] 동 팽창시키다, 확장하다

▫ Heat expands most metals. 열은 대개의 금속을 팽창시킨다.
●● expansion 명 팽창, 확장

expend [ikspénd] 동 소비하다

■ expend much money on one's clothes 의복에 많은 돈을 소비하다
■ expend time and effort on an experiment 실험에 시간과 노력을 들이다

down [daun] 부 아래로 형 아래의 명 내림, 하강

▫ Don't look down. 아래를 내려다보지 마라.
▫ They are jumping down from the rock. 그들은 바위에서 뛰어내리고 있다.

dawn [dɔːn] 명 새벽 동 날이 새다

▫ I got up at dawn. 나는 새벽에 일어났다.
▫ The dawn graduated into day. 날이 점점 밝아왔다.

wonder [wʌ́ndər] 동 궁금히 여기다 명 놀라움, 경이

□ I wonder why she did that. 나는 그녀가 왜 그렇게 했는지 궁금하다.
■ the seven wonders of the world 세계의 7대 불가사의

wander [wɑ́ndər] 동 방황하다, 떠돌아다니다

■ wander from place to place 여러 곳을 방황하다
■ wander about the world 세계를 유랑하다

lawn [lɔːn] 명 잔디

□ The man is lying on the lawn. 남자가 잔디 위에 누워 있다.
■ sprinkle the lawn 잔디밭에 물을 주다

loan [loun] 명 대부 동 대부하다

■ grant a loan without collateral 무담보로 돈을 대출하다
■ loan without charge 무료로 대여하다

row [rou] 명 줄, 열 동 노를 젓다

□ The cars are parked in a row. 차들이 한 줄로 주차되어 있다.
□ We rowed against the wind. 우리는 바람을 거슬러 배를 저었다.

raw [rɔː] 형 날것의, 가공하지 않은, 세련되지 못한

■ eat oysters raw 굴을 날로 먹다
□ Don't drink raw milk. 가공하지 않은 우유는 마시지 마라.

mass [mæs] 명 큰 덩어리, 대중

■ a mass of dough 반죽 덩어리
■ the mass media 대중 매체

mess [mes] 명 혼란

□ We are in a mess. 우리는 궁지에 빠져 있다.
●● messy 형 너절한, 흐트러진

pat [pæt] 동 다독이다, 가볍게 때리다

■ pat her on the shoulder 그녀의 어깨를 가볍게 두드리다

pet [pet] 명 애완동물

▯ I'd like to have a pet. 나는 애완동물을 하나 갖고 싶다.

worship [wə́ːrʃip] 동 경배하다, 숭배하다 명 경배, 찬미

■ worship on one's knees 엎드려 경배하다
▯ She is the worship of idols. 그녀는 우상을 숭배한다.
■ attend worship 예배에 참석하다
•• worshipful 형 존경할 만한, 믿음이 깊은, 경건한

warship [wə́ːrʃip] 명 전함

■ dispatch a warship 군함 한 척을 출동시키다
■ a warship of the newest type 최신식 군함

flea [fliː] 명 벼룩

■ get bitten by a flea 벼룩에 물리다
■ skin a flea for its hide 벼룩의 간을 내어 먹다

flee [fliː] 동 도망치다, 달아나다

■ flee in all haste 부리나케 도망가다
■ flee from the enemy 적에게서 달아나다

disease [dizíːz] 명 질병

▯ Exercise is necessary to reduce the risk of disease.
질병의 위험을 줄이기 위해서 운동이 필요하다.

decease [disíːs] 명 사망 동 사망하다

▯ Upon your decease, your son will inherit everything.
당신이 사망하면 당신의 아들이 모든 것을 상속받을 것입니다.

fare [fɛər] 명 운임, (교통)요금

□ The bus fare is expensive. 버스 요금이 비싸다.
■ a student fare 학생 할인 운임

fair [fɛər] 형 공평한, 아름다운 명 박람회

□ I want to receive fair treatment. 나는 공정한 대우를 받고 싶다.
■ the Korean books fair 한국 도서 박람회

vary [vɛ́əri] 동 변하다, 다르다, 변화를 주다

■ vary in different localities 지역에 따라 다르다
●● variation 명 변화, 변동

very [véri] 형 바로 그, ~ 조차도 부 매우, 대단히

□ I dislike the very thought of it. 그것은 생각하기도 싫다.
□ Her moods change very quickly. 그녀의 감정은 변덕이 심하다.

tide [taid] 명 흐름, 형세, 때(= time), 조수

□ The tide has turned against us. 형세가 우리에게 불리하다.
■ when the tide serves 형편이 좋을때에
□ The tide is making fast. 조수가 빠르게 밀려들고 있다.
●● tidal 형 조수의

tidy [táidi] 형 단정한, 말끔한 동 말끔하게 하다

■ tidy up one's dress 복장을 단정히 하다
■ tidy up the room 방안을 말끔하게 치우다

roll [roul] 동 구르다 명 두루마리

■ roll about on a lawn 잔디에서 뒹굴다
■ a toilet roll 두루마리 화장지

role [roul] 명 역할

□ A parent's role is not easy to perform. 부모 노릇이 쉬운 건 아니다.
■ play a leading role 주도적 역할을 하다

54th day *

pray [prei] 동 기도하다

□ They prayed in the attic. 그들은 다락방에서 기도했다.
•• **prayer** 명 기도, 기도문, 기도하는 사람

prey [prei] 명 먹이, 희생 동 잡아먹다, 약탈하다

□ A tiger is prowling after its prey. 호랑이가 먹이를 찾아 어슬렁거리고 있다.
□ He preys upon the poor. 그는 가난한 사람들을 착취한다.

diary [dáiəri] 명 일기

■ write a diary regularly 규칙적으로 일기를 쓰다
■ a clinical diary 병상 일지

dairy [dέəri] 명 낙농

□ He runs a dairy farm. 그는 낙농을 한다.
■ dairy produce 유제품

confirm [kənfɔ́:rm] 동 확인하다, 확고히 하다

■ confirm one's reservation 예약을 확인하다
■ confirm one's determination 결의를 굳게 하다

conform [kənfɔ́:rm] 동 순응하다, 따르다(= follow)

■ conform to the custom 관습을 따르다
•• **conformity** 명 부합, 일치

bold [bould] 휑 대담한

■ a dress with a bold pattern   대담한 무늬가 있는
•• boldly 휑 대담하게

bald [bɔːld] 휑 대머리의

■ bald at the forehead   이마가 벗겨진
■ a bald fact   적나라한 사실

hire [háiər] 동 고용하다

■ hire by the month   월간 계약으로 고용하다
■ hire a guide   가이드를 고용하다

heir [ɛər] 명 상속인, 상속자

■ recognize him as the lawful heir   그를 법정 상속인으로 인정하다
•• heiress 명 상속녀

flour [flauər] 명 밀가루

□ Flour is as white as snow.   밀가루는 눈처럼 하얗다.
■ strong flour   강력분

floor [flɔːr] 명 마루, 층

□ The water is seeping under the floor.   물이 바닥으로 스며들고 있다.
□ The stairs lead to the second floor.   계단은 2층으로 이어진다.

noble [nóubəl] 휑 고상한, 귀족적인

■ a man of noble character   고매한 인격을 지닌 사람
■ a noble family   귀족 가문
•• nobleman 명 귀족

novel [návəl] 명 (장편)소설

■ the hero of the novel   소설의 주인공

literary [lítərèri] 휑 문학의

- a fine literary effort 훌륭한 문학 작품
- literature 명 문학

literacy [lítərəsi] 명 읽고 쓸 수 있는 능력, 지식, 능력

- a literacy rate 식자율(率)
- information literacy 정보 활용 능력

literate [lítərit] 휑 읽고 쓸 수 있는

- Only half of the children in this class are literate.
  이 학급 어린이들의 절반만이 글을 읽고 쓸 수 있다.

literal [lítərəl] 휑 문자 그대로의

- the literal meaning of a word 말의 문자 그대로의 의미
- literal translation 직역

loyal [lɔ́iəl] 휑 충실한, 충성스러운

- be loyal to 충절을 다하다
- loyalty 명 충의, 충절

royal [rɔ́iəl] 휑 왕(실)의

- There is no royal road to learning. 학문에는 왕도가 없다.

flame [fleim] 명 불꽃, 불길

- The flame will be out soon. 불길이 곧 꺼질 것이다.
- the Olympic flame 올림픽 성화

frame [freim] 명 골격, 틀, 뼈대

- He is a man of solid frame. 그는 체격이 튼튼하다.
- He is painting the door frame. 그가 문틀에 페인트칠을 하고 있다.
- The frame of a building is exposed. 건물의 골조가 노출되어 있다.

bleed [bliːd] 동 피 흘리다

- bleed at the nose 코피를 흘리다
- •• blood 명 피, 혈액

breed [briːd] 동 기르다, 양육하다

- breed a person a doctor ~을 의사가 되도록 키우다
- □ He breeds horses on his ranch. 그는 목장에서 말을 사육한다.

elect [ilékt] 동 선거하다, 뽑다

- elect him chairman 그를 의장으로 선출하다
- •• election 명 선거

erect [irékt] 형 직립의, 똑바로 선

- stand upright erect 똑바로 서다
- erect a bronze statue 동상을 세우다

arrow [ǽrou] 명 화살

- be as swift as an arrow 화살처럼 빠르다
- •• arrowy 형 화살 같은

allow [əláu] 동 허락하다

- allow students to govern themselves 학생에게 자치를 허용하다
- •• allowance 명 수당, 한도, 승인

collect [kəlékt] 동 모으다, 수집하다

- collect members 회원을 모집하다
- •• collection 명 수집, 수집품

correct [kərékt] 형 옳은 동 옳게 고치다

- learn a correct spelling 맞춤법을 익히다
- •• correctly 부 정확히

55th day*

flesh [fleʃ] 명 살, 몸, 육체

□ He soon began to flesh up.　그는 곧 살찌기 시작했다.
■ the ills of the flesh　육체적인 질병

fresh [freʃ] 형 신선한, 새로운

□ You can buy fresh fruit here.　여기서 신선한 과일을 살 수 있습니다.
□ She did things in a fresh way.　그녀는 새로운 방법으로 일을 처리했다.

beast [biːst] 명 짐승, 야수

□ He is worse than a beast.　그는 짐승만도 못하다.
■ a ravenous jungle beast　탐욕스러운 밀림의 야수

breast [brest] 명 가슴

■ calm one's agitated breast　두근거리는 가슴을 가라앉히다
■ wear a decoration on one's breast　가슴에 훈장을 달다

conservation [kànsəːrvéiʃən] 명 보존, 보호

■ the principle of conservation of mass　질량 보존의 법칙
■ further the cause of conservation of nature　자연보호 운동을 촉진하다
●● **conserve** 동 보존하다

conversation [kànvərséiʃən] 명 대화

□ She engaged him in conversation.　그녀는 그를 대화에 끌어들였다.
●● **converse** 동 이야기하다, 담화하다

greed [griːd] 몡 탐욕

□ There are no limit to man's greed. 사람의 욕심은 그지없다.
●● greedy 혱 탐욕스러운

greet [griːt] 동 인사하다

□ He greeted me politely. 그는 내게 정중히 인사했다.
●● greeting 몡 인사, 축하

treat [triːt] 동 취급하다, 접대하다

□ She treats us like children. 그녀는 우리를 어린애들처럼 다룬다.
□ I treated her to lunch. 나는 그녀에게 점심을 대접했다.
●● treatment 몡 취급, 대우

tread [tred] 동 밟다

■ tread on another's foot 남의 발등을 밟다

absorb [əbsɔ́ːrb] 동 흡수하다, 열중시키다

■ absorb sudden shocks 갑작스러운 충격을 흡수하다
●● absorption 몡 흡수

absurd [əbsə́ːrd] 혱 불합리한, 이치에 맞지 않는

□ He often does most absurd things. 그는 때때로 얼토낭토않은 일을 한다.
●● absurdity 몡 불합리, 우스꽝스러움

perish [périʃ] 동 소멸하다, 죽다

■ a country perishes 나라가 망하다
■ perish with hunger 굶어 죽다

polish [páliʃ] 동 광내다, 윤내다

■ polish with a dry cloth 마른 천으로 문질러 광을 내다

adapt [ədǽpt] 동 적응하다, 각색하다

□ She adapts herself to her environment. 그녀는 환경에 잘 적응한다.
●● adaptation 명 적응, 각색

adopt [ədápt] 동 채택하다(= take up)

■ adopt a resolution 결의안을 채택하다
●● adoption 명 채택

vague [veig] 형 모호한, 불명확한

■ give a vague answer 모호한 대답을 하다

vogue [voug] 명 유행(= fashion)

□ Short skirts are all the vogue. 짧은 치마가 대유행이다.

export [ikspɔ́ːrt] 동 수출하다 명 수출(↔ import 수입)

□ Korea exports many different kinds of goods.
한국은 다양한 종류의 상품을 수출한다.
●● exportable 형 수출할 수 있는

expert [ékspəːrt] 명 전문가, 숙련된 사람

□ He is the foremost expert in this field.
그는 이 분야에서 첫째 가는 전문가이다.
□ He is an expert in three languages. 그는 3개 국어에 정통하다.

amaze [əméiz] 동 몹시 놀라게 하다

□ He always amaze me. 그는 언제나 나를 놀라게 한다.
●● amazement 명 놀람, 감탄

amuse [əmjúːz] 동 기쁘게 하다, 재미있게 하다

■ amuse oneself by playing with a kitten 새끼 고양이와 장난치며 즐거워하다
●● amusement 명 즐거움, 재미

beside [bisáid] 전 ~옆에

□ A train runs beside the road. 기차가 도로 옆으로 달리고 있다.

besides [bisáidz] 전 ~이외에 부 게다가

□ No one knows it besides me. 그것은 나 말고는 아무도 모른다.
□ Besides, it began to rain. 게다가 비까지 내리기 시작했다.

contend [kənténd] 동 다투다, 주장하다

■ contend for precedence 순위를 다투다
□ Columbus contended that the earth is round.
콜럼버스는 지구가 둥글다고 주장했다.
•• contention 명 논쟁, 주장

content [kəntént] 명 내용, 차례 형 만족한

□ This book is rich in content. 이 책은 내용이 알차다.
□ He is content with what he has. 그는 그가 가진 것에 만족한다.
•• contain 동 포함하다

compliment [kámpləmənt] 명 칭찬 동 칭찬하다

□ Nobody feels offended at compliment. 칭찬을 듣고 화낼 사람은 없다.
•• complimentary 형 칭찬의

complement [kámpləmənt] 명 보충(물), 보완하는 것 동 보완하다, 보충하다

□ This is an indispensable complement. 이것은 불가결한 보충물이다.
•• complementary 형 상호 보완적인

embarrass [imbǽrəs] 동 당황하게 하다, 곤혹스럽게 하다

□ When I am embarrassed, I blush. 나는 당황하면, 얼굴이 붉어진다.
•• embarrassment 명 당황, 곤혹

embrace [embréis] 동 포옹하다, 받아들이다(= accept)

□ She embraced her brother warmly. 그녀는 남동생을 따뜻하게 포옹했다.
■ embrace a religion 종교를 믿다

56th day*

employer [emplɔ́iər] [명] 고용주

□ The employer sweats his workers. 그 고용주는 고용인을 착취한다.
•• employ [동] 고용하다 [명] 고용, 일자리

employee [emplɔ́iiː] [명] 피고용인, 종업원

■ dismiss an employee 종업원을 해고하다

explode [iksplóud] [동] 폭발하다(= blow up)

■ explode a bomb 폭탄을 터뜨리다
•• explosion [명] 폭발
•• explosive [형] 폭발적인

explore [iksplɔ́ːr] [동] 탐험하다, 탐사하다

■ explore the Antarctic Continent 남극 대륙을 탐험하다
•• exploration [명] 탐험

famine [fǽmin] [명] 기근, 기아

■ Famine threatens the district. 기근이 그 지방을 위협하고 있다.
•• famish [동] 굶주리게 하다

feminine [fémənin] [형] 여자의, 여자다운(↔ masculine)

□ It was a feminine voice. 그것은 여자 목소리였다.
•• femininity [명] 여성다움

rob [rɑb] 동 강탈하다

- rob of his property 남의 재물을 빼앗다
- I was robbed of my purse. 나는 지갑을 빼앗겼다.

rub [rʌb] 동 비비다, 문지르다

- She rubbed her hands sore. 그녀는 아프도록 손을 비벼댔다.
- She rubbed the table top with a brush. 그녀는 탁자 위를 솔로 문질렀다.

fellow [félou] 명 동료, 녀석, 친구

- tower above one's fellows 동료들 사이에서 단연 두각을 나타내다
- I found him quite a jovial fellow. 사귀고 보니 그는 참 재미있는 친구였다.

follow [fálou] 동 따르다

- follow the laws of nature 자연의 순리에 따르다
- • following 형 다음의

quite [kwait] 부 꽤, 아주, 완전히

- It was quite cold this morning. 오늘 아침은 꽤 추웠다.
- We quite agree with you. 우리는 너와 전적으로 같은 의견이다.

quiet [kwáiət] 형 조용한

- The restaurant was very quiet. 그 음식점은 매우 조용했다.
- • quietly 부 조용하게

decay [dikéi] 명 부패, 부식 동 부패하다, 부식하다

- treat a decayed tooth 충치를 치료하다
- the decay of civilization 문명의 쇠퇴

delay [diléi] 명 지연, 지체 동 지연시키다

- It admits of no delay. 일각의 지체도 허락하지 않는다.
- The train was delayed two hours. 기차가 두 시간 연착되었다.

garage [gərάːʒ] 명 차고, 수리공장

□ Is it possible to rent a garage? 차고를 빌릴 수 있습니까?
□ My father works at garage. 나의 아버지는 자동차 정비공장에서 일하신다.

garbage [gάːrbidʒ] 명 쓰레기, 찌꺼기

□ The man is collecting garbage. 남자가 쓰레기를 모으고 있다.
■ a garbage man 청소부

stiff [stif] 형 뻣뻣한, 굳은

□ The horrible sight scared me stiff.
  그 끔찍한 장면을 보고 겁이 나서 몸이 굳어 버렸다
●● stiffen 동 굳어지다

stuff [stʌf] 명 재료(= material), 물건(= things) 동 채우다

□ His room is full of old stuff. 그의 방은 낡은 물건들로 가득 차 있다.
■ stuff a quilt with cotton 이불에 솜을 넣다

belief [bilíːf] 명 신념, 믿음

□ He always worked with a firm belief. 그는 언제나 굳은 신념을 가지고 일했다.
■ a story that passes belief 믿을 수 없는 이야기

brief [briːf] 형 간단한

□ His answer was brief. 그의 대답은 간결했다.
●● briefly 부 간단히

genuine [dʒénjuin] 형 진짜의

□ This is a genuine leather. 이것은 진짜 가죽이다.
●● genuinely 부 진정으로, 순수하게

genius [dʒíːnjəs] 명 천재

□ There is something extraordinary in a genius. 천재는 역시 다르다.
●● ingenious 형 재간 있는

stain [stein] 명 얼룩 동 얼룩지게 하다

□ The stains will not come off. 얼룩이 잘 빠지지 않는다.
■ stain one's family name 가문을 더럽히다

strain [strein] 명 팽팽함, 긴장, 압박 동 무리하게 쓰다

□ The strain is hard to bear. 긴장은 참기 어렵다.
□ Strain brought on a relapse of his illness. 과로로 그의 병세가 도졌다.

board [bɔːrd] 명 널빤지, 판 동 탑승하다

□ He sawed the board in two. 그는 톱으로 그 판자를 둘로 잘랐다.
□ The airplane is being boarded. 비행기에 탑승하고 있다.

broad [brɔːd] 형 넓은, 광대한

□ He is a broad minded person. 그는 마음이 넓은 사람이다.
□ A broad plain spread before us. 우리 눈앞에 광대한 평원이 펼쳐졌다.

eminent [émənənt] 형 저명한, 뛰어난, 탁월한

■ eminent persons from various circles 각계의 저명인사들
●● eminence 명 저명, 뛰어남

imminent [ímənənt] 형 임박한, 박두한(= impending)

□ He was appreciative of the imminent danger.
그는 임박한 위험을 알아차렸다.
●● imminence 명 급박, 긴박성

principal [prínsəpəl] 형 주요한 명 교장

□ What's your principal objective? 당신의 주된 목적은 무엇입니까?
■ a newly appointed principal 새로 부임해 온 교장

principle [prínsəpl] 명 원리, 원칙, 주의

□ This is based on the same principle. 이것은 같은 원리에 바탕을 두고 있다.
■ the principle of equal opportunity 기회균등주의

57th day *

murder [mə́ːrdər] 명 살인, 살인사건 동 살해하다

■ the consecutive murder incidents 연쇄 살인 사건
•• murderous 형 살인의, 살인적인

murmur [mə́ːrmər] 명 중얼거림, 속삭임 동 중얼거리다

□ The murmur swelled into a roar. 속삭임이 고함소리로 변했다.
□ The little girl murmured in her sleep. 어린 소녀는 자면서 중얼거렸다.

quality [kwáləti] 명 질(質), 특성, 자질

■ improvement in quality 품질의 향상
•• qualitative 형 질적인, 성질상의

quantity [kwántəti] 명 양(量)

□ Quality is more important than quantity. 양보다 질이 중요하다.
•• quantitative 형 양적인, 질량상의

industrial [indʌ́striəl] 형 산업의

■ the impact of the industrial revolution 산업 혁명의 효과
•• industry 명 산업, 근로, 근면

industrious [indʌ́striəs] 형 부지런한

□ He was not industrious in his youth. 그는 젊었을 때에 근면하지 않았다.
•• industriously 부 부지런히, 열심히

metal [métl] 몡 금속

- a heavy metal 중금속
- a precious metal 귀금속

mental [méntl] 혱 정신적인, 정신의

- both physical and mental health 심신의 건강
- •• mentally 뷘 정신적으로

considerate [kənsídərit] 혱 사려 깊은

- be considerate of others' feelings 남의 감정을 배려하다
- •• consider 동 숙고하다

considerable [kənsídərəbəl] 혱 상당한, 대단한

- A considerable of a trade was carried on. 다량의 거래가 행해졌다.
- •• considerably 뷘 상당히

acquire [əkwáiər] 동 얻다, 획득하다

- acquire the first claim 우선권을 얻다
- acquire citizenship in the United States 미국 시민권을 획득하다

inquire [inkwáiər] 동 묻다, 문의하다

- I'll inquire how to get there. 그곳에 가는 방법을 물어보겠다.
- •• inquiry 명 문의

previous [prí:viəs] 혱 이전의, 앞서의

- I have a previous engagement. 나는 선약이 있다.
- He negated his previous statements. 그는 앞서 한 말들을 부인했다.

precious [préʃəs] 혱 귀중한, 가치 있는

- Nothing is more precious than health. 건강보다 더 귀중한 것은 없다.
- a precious metal 귀금속

preserve [prizə́ːrv] [동] 유지하다, 보존하다

■ preserve the order of society 사회 질서를 유지하다
●● preservation [명] 유지

persevere [pə̀ːrsəvíər] [동] 인내하다, 견디다

■ persevere with one's studies 끈기 있게 연구하다
●● perseverance [명] 끈기, 불굴의 노력

burglar [bə́ːrglər] [명] (주거침입) 강도

□ The burglar ran away from the scene of the crime.
강도는 범행 현장에서 달아났다.

vulgar [vʌ́lgər] [형] 저속한, 천박한, 통속적인

■ use vulgar language 상스럽게 말하다
■ a vulgar novel 통속적인 소설

expect [ikspékt] [동] 기대하다

□ I didn't do as well as I expected. 생각했던 것만큼 성적이 좋지 않았다.
●● expectation [명] 예상, 기대

except [iksépt] [전] ~을 제외하고

□ I don't like all the subjects except English.
나는 영어를 제외하고는 모든 과목이 다 싫다.

process [práses] [명] 과정, 처리, 제조법

□ It's just a process of trial and error.
그것은 단지 시행착오의 과정일 뿐이다.
■ a data process 데이터 처리 장치

progress [prágres] [명] 진보 [동] 진보하다, 나아가다

■ the progress of science 과학의 진보
●● progressive [형] 진보적인, 전진하는

moral [mɔ́(ː)rəl] 형 도덕적인(↔ immoral 부도덕한), 정신적인

□ He lead a moral life. 그는 도덕적인 생활을 한다.
□ You have to have basic morals. 최소한의 윤리는 지켜야 한다.

mortal [mɔ́ːrtl] 형 필멸의(↔ immortal 불멸의), 죽을 운명의

□ Man is mortal. 사람은 죽게 마련이다.
●● mortally 부 치명적으로

contempt [kəntém(p)t] 명 경멸, 모욕

□ He is beneath contempt. 그는 경멸할 가치조차 없다.
●● contemptible 형 비열한

contemplate [kántəmplèit] 동 심사숙고하다

■ contemplate a tour around the world 세계 일주 여행을 꾀하다
●● contemplation 명 숙고

prove [pruːv] 동 입증하다, 판명하다

□ He proved his honesty. 그는 그의 정직함을 증명했다.
□ The news proved false. 뉴스는 오보임이 판명됐다.

approve [əprúːv] 동 찬성하다, 승인하다

□ I approve your choice. 나는 네 선택에 찬성한다.
●● approval 명 찬성, 승인

dependent [dipéndənt] 형 의존적인

□ He is totally dependent on his parents.
그는 전적으로 부모에게 의지하고 있다.
●● depend 동 ~에 의존하다

dependable [dipéndəbl] 형 신뢰할 수 있는

■ dependable sales channels 믿을 만한 판매루트
●● dependably 부 믿음직하게

58th day

proper [prápər] 형 적합한, 적절한

■ take proper measures   적당한 방법을 강구하다
●● propriety 명 타당, 적당, 예의바름

prosper [práspər] 동 번창하다, 번영하다

□ His business prospered.   그의 사업은 번창했다.
●● propriety 명 번영
●● prosperous 형 번창하는

monopoly [mənápəli] 명 독점, 전매(권)

□ The sale of tobacco is a government monopoly.
담배 사업은 정부가 전매한다.
●● monopolize 동 독점하다

monotony [mənátəni] 명 단조로움(↔ variety 변화, 다양성)

□ break the monotony   단조로움을 깨뜨리다
●● monotonous 형 단조로운(= boring)

protect [prətékt] 동 보호하다

■ protect the life and property of the people
국민의 생명과 재산을 보호하다
●● protection 명 보호

protest [próutest] 명 항의 동 [prətést] 항의하다

■ a protest against a decision   결정에 대한 항의
●● protestation 명 항의, 주장

reap [riːp] 통 수확하다, 거두어들이다

☐ The farmer sowed seeds and reaped what he sowed.
그 농부는 씨앗을 뿌리고 자신이 뿌린 것을 거두어 들였다.

ripe [raip] 형 익은, 때가 무르익은

☐ The apples are ripe enough to be picked. 사과가 따야 할 만큼 익었다.
☐ The plan is ripe to be executed. 그 계획은 실행할 시기에 이르렀다.
•• ripen 동 익다

scold [skould] 통 꾸짖다

■ scold a student for being late 지각했다고 학생을 꾸짖다

scorn [skɔːrn] 명 경멸, 조소 동 경멸하다

☐ He was the scorn of his classmates. 그는 그의 급우들의 경멸의 대상이었다.
☐ We scorn cowards and liars. 우리는 비겁자와 거짓말쟁이를 경멸한다.
•• scornful 형 경멸하는

affection [əfékʃən] 명 애정, 호의

■ the affection of a parent for a child 아이에 대한 부모의 애정
•• affectionate 형 애정 어린, 다정한

affectation [æfektéiʃən] 명 ~인체함, 꾸미는 태도

☐ His conduct smacks of affectation. 그의 행동에는 뽐내는 기색이 있다.

ethical [éθikəl] 형 윤리적인

☐ Journalists must adhere to ethical standards.
기자는 윤리적 규범을 준수해야 한다.
■ ethical responsibility 도의적 책임

ethnic [éθnik] 형 민족의, 인종의

■ the ethnic stereotype 민족 고유의 고정관념
•• ethnically 부 민족(학)적으로

successful [səksésfəl] 휑 성공적인

□ It was a highly successful project. 아주 성공적인 계획이었다.
●● successfully 吊 성공적으로

successive [səksésiv] 휑 연속적인

□ It rained for three successive days. 3일 계속해서 비가 왔다.
●● succession 명 연속, 계승

thread [θred] 명 실

■ have bits of thread on one's clothes 옷에 실오라기가 묻다
●● thready 휑 실의, 실 모양의

threat [θret] 명 위협

□ It was an explicit threat. 그것은 명백한 위협이었다.
●● threatening 휑 위협적인

swallow [swálou] 명 제비 동 삼키다

■ be as swift as a swallow 제비처럼 날렵하다
■ swallow one's food too quickly 음식을 너무 급히 삼키다

shallow [ʃælou] 휑 얕은

□ You should swim in shallow water. 물이 얕은 곳에서 헤엄쳐라.
■ a shallow idea 얄팍한 생각

general [dʒénərəl] 휑 일반적인, 개괄적인(↔ specific) 명 장군

■ a rule of general application 일반적으로 적용되는 규칙
●● generally 吊 대체로, 일반적으로

generous [dʒénərəs] 휑 후한, 아낌없는(↔ mean), 관대한

□ He is very generous to his children. 그는 자식들에 대해 매우 너그럽다.
●● generosity 명 관대, 아량

thrift [θrift] 명 절약, 검소

□ A bank account encourages thrift. 은행 거래를 하면 절약하게 된다.
•• thrifty 형 검소한(↔ thriftless, wasteful 낭비하는)

thirst [θə:rst] 명 갈증, 목마름

■ satisfy one's thirst for knowledge 지식에 대한 갈망을 만족시키다
□ I have a terrible thirst. 나는 목이 너무 마르다.

sensible [sénsəbəl] 형 분별 있는, 현명한

■ a sensible person 양식 있는 사람
•• sensibility 명 감각, 지각, 감수성

sensitive [sénsətiv] 형 민감한(↔ insensitive 둔감한)

□ The nerves in one's fingertips are very sensitive.
손가락 끝의 신경은 매우 예민하다.
•• sensitivity 명 감성, 민감도

geology [dʒì:álədʒi] 명 지리학

■ marine geology 해양 지질학
•• geologic 형 지질학상의

geometry [dʒi:ámətri] 명 기하학

□ He's a real hand at geometry. 그는 기하학에 능숙하다.
•• geometric 형 기하학상의

spontaneously [spɑntéiniəsli] 부 자발적으로, 저절로

■ a spontaneous movement 무의식적인 동작
•• spontaneous 형 자발적인

simultaneously [sàiməltéiniəsli] 부 동시에

□ All the guns opened fire simultaneously. 일제히 포문을 열었다.
•• simultaneous 형 동시의, 동시에 일어나는

59th day*

gift [gift] 몡 천부적인 재능, 선물

- one's natural gift 타고난 천부적 재능
- a gift from with best wishes 정성어린 선물

art [ɑːrt] 몡 기술, 방법, 예술, 미술

- practice an art 기술을 연마하다
- the art of living 세상살이의 방법
- fine works of art 우수한 예술작품

reach [riːtʃ] 몡 범위, 능력 됭 집어주다, 도착하다

- be beyond the reach of my imagination 내 상상의 범위를 초월하다
- Please reach me the pencil. 연필 좀 집어 주세요.
- reach the destination 목적지에 도달하다

shoot [ʃuːt] 몡 새싹, 사격 됭 싹이 돋다, 쏘다

- The leaves have begun to shoot forth. 나뭇잎이 싹트기 시작했다.
- shoot an arrow into the air 공중으로 화살을 쏘다

good [gud] 혱 상당한, 친절한, 좋은 몡 선, 이익, 상품

- He has a good knowledge of history. 그의 역사 지식은 상당히 깊다.
- do a good deed 친절한 행동을 하다
- public good 공익

rest [rest] 됭 여전히 ~이다, 휴식하다 몡 휴식, 나머지

- let land rest 토지를 묵혀 두다
- rest under a tree 나무 그늘에서 쉬다
- The rest is omitted. 이하 생략.

break [breik] 명 휴식 동 침입하다, 부수다

- I proposed to take a break for a while.　나는 잠시 휴식을 취하자고 제안했다.
- break through the enemy line　적진을 돌파하다

leave [liːv] 명 허가, 휴가 동 ~하게 두다, 떠나다

- grant leave　휴가를 주다
- He said I might leave the hospital.　그는 내가 퇴원을 해도 좋다고 말했다.
- leave to take its natural course　자연히 되어가는 대로 맡기다
- I plan to leave tomorrow.　나는 내일 떠날 계획이다.

ball [bɔːl] 명 무도회, 공

- a mask ball　가면무도회
- throw a ball cornerwise　코너로 공을 던지다

free [friː] 형 ~이 없는, 무료의, 자유로운

- He is free from any bias.　그에게는 아무런 편견도 없다.
- a free library　무료 도서관
- You have a free choice.　그 선택은 자유이다

own [oun] 동 소유하다 형 자기 자신의

- Who owns this land? 이 땅은 누구소유입니까?
- Each pupil has his own desk.　학생들에게는 각자 자기의 책상이 있다.

step [step] 명 수단, 단계, 계단, 걸음

- He flew up the step, two at a time.　그는 계단을 두 단씩 뛰어올랐다.
- He took a step back.　그는 뒤로 한 걸음 물러났다.

will [wil] 명 의지, 유언(장) 동 ~할 것이다

- The will was adjudged void.　그 유언은 무효의 판결을 받았다.
- He will make good in that job.　그는 그 일에 성공할 것이다.

bar [bɑːr] 명 법정, 장애, 막대기, 술집

- be admitted to the bar　변호사의 자격을 얻다
- a bar to happiness　행복을 가로막는 장애
- a bar graph　막대그래프

sentence [séntəns] 명 판결, 문장 동 선고하다

- a complicated sentence 복잡한 문장
- sentence to death 사형을 선고하다

fine [fain] 명 벌금 형 훌륭한

- levy a large fine 많은 벌금을 부과하다
- He has a fine personality. 그는 훌륭한 인물이다.

answer [ǽnsər] 동 보증하다, 책임을 지다, 대답하다

- I will answer for his honesty. 그가 정직하다는 것을 내가 보증한다.
- answer in the affirmative 긍정적으로 대답하다

fire [faiər] 동 해고하다, 발사하다 명 불

- He was fired from his job. 그는 직장에서 해고당했다.
- fire a gun 권총을 발사하다
- The fire is down. 불이 꺼져 가고 있다.

term [təːrm] 명 조건, 관계, 용어, 기간

- reasonable terms 타당한 조건
- scientific terms 과학 용어
- The term has been prolonged. 기한이 늘어졌다.

state [steit] 명 상태, 신분, 위치, 국가

- He is in a state of depression. 그는 의기소침한 상태다.
- a state scholarship student 국비 장학생

address [ədrés] 동 연설을 하다 명 주소

- address an audience 청중에게 연설하다
- give one's name and address 주소와 성명을 말하다

cover [kʌ́vər] 동 보도하다, 가다, 충당하다, 덮다

- The reporter covered the accident. 기자는 그 사고를 보도했다.
- cover the deficit 적자를 메우다
- cover up a fact 사실을 은폐하다

article [áːrtikl] 몡 조항, 기사, 물품, 관사

- Please read out the article. 그 기사를 소리 내어 읽어 주세요.
- deliver articles at house 물품을 가정에 배달하다

book [buk] 통 예약하다 몡 책

- I booked a seat for the game. 나는 경기를 보려고 좌석을 예약했다.
- This book interested me. 이 책은 나의 흥미를 끌었다.

jam [dʒæm] 몡 교통마비, 잼

- a traffic jam 교통정체
- spread jam on bread 빵에 잼을 바르다

express [iksprés] 몡 급행열차 통 표현하다

- travel by express 급행으로 여행하다
- Words cannot express it. 말로는 표현할 수 없다.

park [paːrk] 통 주차하다 몡 공원

- park a car 차를 주차하다
- take a turn in the park 공원을 한 바퀴 돌다

order [ɔ́ːrdər] 몡 주문, 질서, 순서 통 주문하다

- Are you ready to order now? 주문하시겠습니까?
- well-ordered 질서 있는, 질서가 잡힌
- arrange in alphabetical order 알파벳순으로 정리하다

party [páːrti] 몡 당파, 일행, 당사자, 파티

- combine factions into a party 당파를 한 당으로 합체하다
- The party was formed of five persons. 일행은 5인이었다.
- the parties to a suit 소송 당사자

class [klæs] 몡 계급, 계층, 수업

- break down the barrier of classes 계급을 타파하다
- I'm sorry I'm late for class. 수업에 늦어서 죄송합니다.

60th day*

air [ɛər] 몡 모양, 태도, 비행기, 공기

- an air of dignity 근엄한 태도
- We cannot live without air. 우리는 공기 없이 살 수 없다.

tongue [tʌŋ] 몡 언어, 말, 말씨, 혀

- Hold your impertinent tongue. 말을 삼가라
- stick one's tongue out 혀를 쑥 내밀다

figure [fígjər] 몡 숫자, 인물, 모습

- He is poor at figures. 그는 숫자에 약하다.
- I saw an obscure figure. 나는 희미한 사람 그림자를 보았다.

choice [tʃɔis] 톙 고급의 몡 선택

- an excellent choice 특산품
- I approve your choice. 나는 네 선택에 찬성한다.

sort [sɔːrt] 통 분류하다, 골라내다 몡 종류

- sort mail according to destinations 우편물을 행선지별로 선별하다
- all sorts of goods 온갖 종류의 물건

change [tʃeindʒ] 몡 거스름돈, 갈아타기, 변화 통 갈아타다, 바꾸다

- Here is your change. 거스름돈 여기 있습니다.
- change to another bus 다른 버스로 갈아타다

balance [bǽləns] 몡 나머지, 저울, 균형

- You may keep the balance. 나머지는 네가 가져라.
- weigh things in the balance 물건을 저울에 달다
- balance on one leg 한 발로 균형을 잡다

hold [hould] 동 개최하다, 마음에 품다, 생각하다, 잡다

- hold a contest 경연을 개최하다
- hold hands 서로 손을 잡다

exercise [éksərsàiz] 몡 운동, 연습, 행사 동 운동하다, 연습하다, 행사하다

- Jogging is a wholesome exercise. 조깅은 건강에 좋은 운동이다.
- exercise one's influence 영향력을 행사하다

match [mætʃ] 몡 적수, 상대, 시합 동 조화되다, 필적하다

- meet one's match 좋은 상대를 만나다
- They are right matches. 그들은 꼭 어울리는 한 쌍이다.

game [geim] 몡 사냥감, 경기

- a place rich in game 사냥감이 많은 곳
- It was an exciting game. 흥미진진한 경기였다.

score [skɔ:r] 몡 20, 이유, 득점 동 기록하다

- more than a score of cities 20개 이상의 도시
- What's the score now? 지금 득점은 얼마입니까?

draw [drɔ:] 몡 무승부 동 끌어당기다, 그리다

- end in a draw 무승부로 끝나다
- draw a cart 짐마차를 끌디

succeed [səksí:d] 동 계승하다, 성공하다

- succeed in solving a problem 문제해결에 성공하다
- succeed to one's father's business 아버지의 사업을 이어받다

spring [spriŋ] 동 튀어 오르다, ~의 자손이다 명 봄, 용수철, 근원, 샘

- spring up on a platform 연단에 뛰어오르다
- The spring has run dry. 샘이 말랐다.

minute [mainjúːt] 명 분(分) 형 미세한, 상세한

- minute particles 미립자
- in minute detail 아주 상세하게

scale [skeil] 명 저울, 저울의 눈금, 비늘, 규모

- She weighed the meat in the scales.
  그녀는 저울로 고기의 무게를 달아보았다.
- the scale of a fish 생선의 비늘
- nationwide scale 전국적인 규모

mind [maind] 형 걱정하다, 꺼리다 명 마음

- Never mind about that. 그것에 대해서는 걱정 마세요.
- Mind the step. 발밑을 조심하시오.

spot [spɑt] 동 발견하다 명 점, 지점

- spot in early stage 조기에 발견하다
- be arrested on the spot 그 자리에서 체포되다

interest [íntərist] 명 이자, 관심, 중요성

- an interest on arrears 밀린 이자
- a matter of primary interest 가장 중대한 일

moment [móumənt] 명 중요성, 순간

- affairs of great moment 중대사건
- a tense moment 긴장의 순간

everything [évriθiŋ] 명 가장 중요한 것 대 모든 것

- You are everything to me. 당신은 나의 전부다.
- Everything is going on well. 모든 일이 잘 되어 간다.

matter [mǽtər] [동] 중요하다, ~와 관계가 있다 [명] 문제, 일

□ I does not matter who wins. 누가 이기든 중요하지 않다.
■ a matter of prime importance 가장 중요한 일

mean [miːn] [동] 중요하다, ~할 작정이다, 의미하다 [형] 천한, 인색한 [명] 재산, 수단

□ Do you mean to defy me? 나에게 대들 작정이니?
■ a means to an end 목적을 달성하기 위한 수단

might [mait] [명] 힘 [조] may의 과거

■ with might and main 혼신의 힘을 다하여
□ You might be right. 네가 옳을지도 모른다.

stand [stænd] [동] 견디다, (~ 상태에) 있다, 서다

■ stand the cold 추위에 견디다
■ stand one's ground 자기의 입장을 지키다

plant [plænt] [명] 공장, 발전소, 식물 [동] 심다

■ a hydropower plant 수력 발전소
■ plant a commemorative tree 기념식수를 하다

quarter [kwɔ́ːrtər] [명] 지역, 방면, 4분의 1

■ in all quarters 각 방면으로
■ the first quarter of the year 제1사분기

well [wel] [명] 우물 [형] 건강한 [부] 잘

■ dumb well 하수 처리용 우물
□ She is well enough. 그녀는 무척 건강하다.

remain [riméin] [동] 여전히 그대로이다, 남다 [명] 유적, 유물

□ The rule remained the same down the ages.
그 규칙은 옛날부터 지금까지 여전하다.
■ the remains of a temple 사원의 유적

CROSS WORD PUZZLE
가로세로 낱말 맞추기

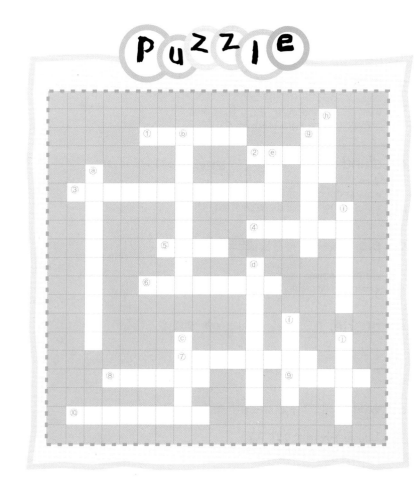

ACROSS(가로 열쇠)

① He often does most (　　) things. 그는 때때로 얼토당토않은 일을 한다.
② We (　　) against the wind. 우리는 바람을 거슬러 배를 저었다.
③ She engaged him in (　　). 그녀는 그를 대화에 끌어들였다.
④ (　　) time and effort on an experiment 실험에 시간과 노력을 들이다
⑤ The plan is (　　) to be executed. 그 계획은 실행할 시기에 이르렀다.
⑥ Nothing is more (　　) than health. 건강보다 더 귀중한 것은 없다.
⑦ The rule (　　) the same down the ages.
　　　　　　　　　　　　　　그 규칙은 옛날부터 지금까지 여전하다.
⑧ He always worked with a firm (　　).
　　　　　　　　　　　　　　그는 언제나 굳은 신념을 가지고 일했다.
⑨ The leaves have begun to (　　) forth. 나뭇잎이 싹트기 시작했다.
⑩ Jogging is a wholesome (　　). 조깅은 건강에 좋은 운동이다.

DOWN(세로 열쇠)

ⓐ Nobody feels offended at (　　). 칭찬을 듣고 화낼 사람은 없다.
ⓑ The nerves in one's fingertips are very (　　).
　　　　　　　　　　　　　　손가락 끝의 신경은 매우 예민하다.
ⓒ He (　　) upon the poor. 그는 가난한 사람들을 착취한다.
ⓓ Quality is more important than (　　). 양보다 질이 중요하다.
ⓔ Each pupil has his (　　) desk.
　학생들에게는 각자 자기의 책상이 있다.
ⓕ She did things in a (　　) way.
　그녀는 새로운 방법으로 일을 처리했다.
ⓖ The train was (　　) two hours.
　기차가 두 시간 연착되었다.
ⓗ The (　　) has turned against us. 형세가 우리에게 불리하다.
ⓘ She (　　) herself to her environment. 그녀는 환경에 잘 적응한다.
ⓙ The water is seeping under the (　　). 물이 바닥으로 스며들고 있다.

정답

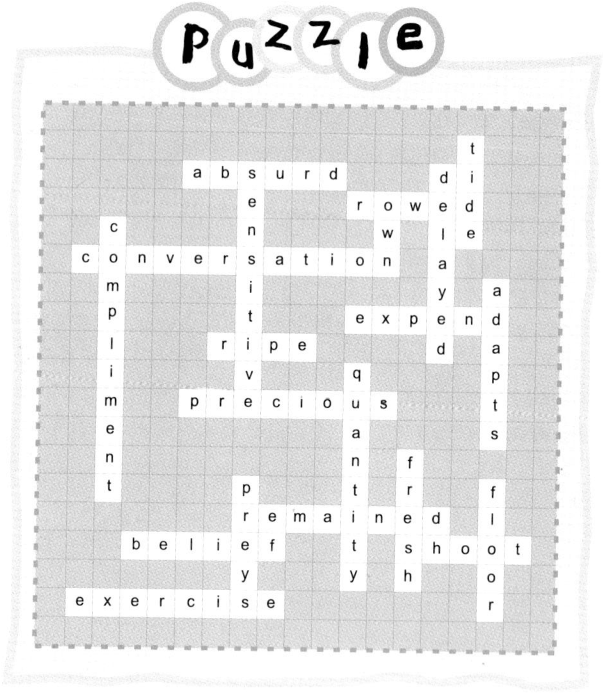

◎ ACROSS ◎

① absurd ② rowed ③ conversation
④ expend ⑤ ripe ⑥ precious
⑦ remained ⑧ belief ⑨ shoot ⑩ exercise

◎ DOWN ◎

ⓐ compliment ⓑ sensitive ⓒ preys
ⓓ quantity ⓔ own ⓕ fresh ⓖ delayed
ⓗ tide ⓘ adapts ⓙ floor

원형	과거	과거 분사
awake	awoke	awoke
be(am, are, is)	was(were)	been
bear	bore	born(borne)
beat	beat	beaten(beat)
become	became	become
begin	began	begun
bend	bent	bent
bet	bet	bet
bid	bade(bad)	bidden(bid)
bind	bound	bound
bite	bit	bitten(bit)
bleed	bled	bled
bless	blest(blessed)	blest(blessed)
blow	blew	blown
break	broke	broken
breed	bred	bred
bring	brought	brought
build	built	built
burn	burnt(burned)	burnt(burned)
burst	burst	burst
buy	bought	bought
can	could	—
cast	cast	cast
catch	caught	caught
choose	chose	chosen
cleave	cleft(clove)	cleft(cloven)
cling	clung	clung
clothe	clad(clothed)	clad(clothed)
come	came	come
cost	cost	cost
cut	cut	cut
deal	dealt(delt)	dealt(delt)
dig	dug	dug
do(does)	did	done
draw	drew	drawn
dream	dreamt(dreamed)	dreamt(dreamed)
drink	drank	drunk
drive	drove	driven
dwell	dwelt(dwelled)	dwelt(dwelled)
eat	ate	eaten

원형	과거	과거 분사
fall	fell	fallen
feed	fed	fed
feel	felt	felt
fight	fought	fought
find	found	found
flee	fled	fled
fling	flung	flung
fly	flew	flown
forget	forgot	forgotten
forgive	forgave	forgiven
freeze	froze	frozen
get	got	got(gotten)
give	gave	given
go	went	gone
grind	ground	ground
grow	grew	grown
hang	hanged	hanged
hang	hung	hung
have(has)	had	had
hear	heard	heard
hew	hewed	hewn(hewed)
hide	hid	hidden(hid)
hit	hit	hit
hold	held	held
hurt	hurt	hurt
keep	kept	kept
kneel	knelt	knelt
know	knew	known
lade	laded	laden(laded)
lay	laid	laid
lead	led	led
leap	leapt(leaped)	leapt(leaped)
learn	learnt(learned)	learnt(learned)
leave	left	left
lend	lent	lent
let	let	let
lie	lay	lain
light	lit(lighted)	lit(lighted)
lose	lost	lost
make	made	made

원형	과거	과거 분사
may	might	—
mean	meant	meant
meet	met	met
mistake	mistook	mistaken
must	must	—
overhear	overheard	overheard
pay	paid	paid
prove	proved	proven(proved)
put	put	put
quit	quit(quitted)	quit(quitted)
read	read(red)	read (red)
red	rid	rid
rend	rent	rent
rid	rid(ridded)	rid(ridded)
ride	rode	ridden
ring	rang	rung
rise	rose	risen
run	ran	run
saw	sawed	sawn(sawed)
say	said	said
see	saw	seen
seek	sought	sought
sell	sold	sold
send	sent	sent
set	set	set
sew	sewed	sewn(sewed)
shake	shook	shaken
shall	should	—
shave	shaved	shaven(saved)
shear	sheared	shorn(sheared)
shed	shed	shed
shine	shone	shone
shoot	shot	shot
show	showed	shown
shrink	shrank(shrunk)	shrunk(shrunken)
shut	shut	shut
sing	sang	sung
sink	sank(sunk)	sunk
sit	sat	sat
sleep	slept	slept

원형	과거	과거 분사
slide	slid	slid
smell	smelt(smelled)	smelt(smelled)
sow	sowed	sown(sowed)
speak	spoke	spoken
spell	spelt(spelled)	spelt(spelled)
spend	spent	spent
spill	spilt(spilled)	spilt(spilled)
spin	spun(span)	spun
split	split	split
spoil	spoilt(spoiled)	spoilt(spoiled)
spread	spread	spread
spring	sprang(sprung)	sprung
stand	stood	stood
steal	stole	stolen
stick	stuck	stuck
sting	stung	stung
strike	struck	struck
strive	strove	striven
swear	swore	sworn
sweep	swept	swept
swell	swelled	swollen(swelled)
swim	swam	swum
swing	swung	swung
take	took	taken
teach	taught	taught
tear	tore	torn
tell	told	told
think	thought	thought
throw	threw	thrown
thrust	thrust	thrust
understand	understood	understood
upset	upset	upset
wake	woke(waked)	woken(waked)
wear	wore	worn
weave	wove	woven(wove)
weep	wept	wept
win	won	won
wind	wound	wound
wring	wrung	wrung
write	wrote	written

수능
Power
영단어